리 셋 Reset
블로그 Blog.

매출 향상을 위한 6가지 리셋 가이드

선비북스

5단계 마케팅 리셋

6단계 세일즈 리셋

부록

들어가는 글

필자가 첫 번째 책을 출판하고 나니, 정말 많은 분들이 하는 한 가지 질문이 있다.

"블로그 하면 정말로 평생 직업이 생길 수 있어요?"

작년 초였다면 애매한 웃음으로 답변을 피했을 테지만, 이제는 다르다. 필자 역시 블로그를 리셋하며 1년 동안 수많은 경험을 했고, 그 과정에서 직장이 없어도, 직장인 이상의 월급을 만들어내는 원리를 깨달았다.

블로그로 돈을 벌기 위해선 크게 6가지를 리셋해야 한다.

마인드 키워드 프로필 컨텐츠 마케팅 세일즈

이 6가지 중 여러분들이 절반만 바꿀 수 있어도 매출이 늘어날 것이고, 만약 모든 것을 리셋할 수 있다면, 난생 처음 보는 매출에 눈이 번쩍 뜨일지도 모른다. 적어도 필자는 이 책이 여러분들의 수익을 올리는 길잡이가 되어줄 것이라고 굳게 믿는다.

필자 역시, 처음 블로그는 단순하게 체험단을 진행하고, 협찬을 받아서 돈을 버는 수준이었다. 월급과 비교하면 살짝 아쉽긴 했지만, 사는 데는 지장이 없었다. 하지만, 블로그를 리셋한 이후의 삶은 180도 달라졌다.

지난 2020년 4월과 21년 4월의 스케줄이다.

2020년 4월 스케줄

◯ 강의 1건 (듣는 강의)

◯ 컨설팅 1건 (듣는 컨설팅)

◯ 체험단 : 6건

2021년 4월 스케줄

◯ 강의 : 9건

  직접 강의 4건 / 강사 서포터 5건

◯ 컨설팅 : 2건

  직접 컨설팅 1회 / 받는 컨설팅 1회

◯ 업체 관리 : 7회

◯ 상담 : 7건

  전화상담 5건 / 오프상담 2건

◯ 체험단 : 2건

마인드부터 바꾸고, 프로필, 키워드, 컨텐츠, 마케팅, 세일즈 방법을 모두 리셋하니 블로그에 있어서는 전문적인 교육을 할 수 있는 강사로 거듭날 수 있었다. 그 외에도 다양한 업체로부터 협업 제안을 받아, 병원, 식당, 변호사에게 블로그를 이용한 온라인 마케팅 컨설팅을 진행했다.

차이는 딱 하나였다. 어디까지 리셋할 수 있느냐. 기존에 가지고 있던 방식들을 버리는 데 시간이 오래 걸렸다. 이 책에 있는 내용은 어렵지 않다. 오히려 쉽다. 보기만 해도 쉽게 따라 할 수 있게 적어두었다. 허나, 기존 방식을 버리고, 새로운 방식을 택해서 실천하기는 정말 어려울 것이다.

이 책은, 평범한 직장을 다니며 1일 1포스팅 하느라 허덕이고 부업으로 체험단 블로그밖에 운영하지 못하던 사람이 일주일에 1~2번 포스팅하면서도 대기업 직장인 월급 이상을 벌 수 있었던, 경험담과 실천 방법을 적어둔 책이다.

필자는 그 누구도 이것을 제대로 알려주는 사람이 없었기에, 시행착오를 많이 겪었다. 그 과정에서 원하지 않던 일도 있었고, 사람에게 상처를 받는 일도 많았다. 돈은 안되고 시간을 잡아먹는 일들 사이에서 옥석 같은 경험과 노하우를 걸러내는 데 시간이 걸렸다.

여러분들은 그런 실수를 반복하지 않도록 필자가 배우고 익혔던 모든 노하우를 이 책을 통해 알려주려 한다. 책을 내면서도, 내용을 너무 쉽게 써서, '뻔한 얘기만 있다, 도움이 안 되었다, 시간낭비였다.' 같은 비난을 받을지도 모른다는 두려움이 있다. 그럼에도 불구하고 용기를 내어 책을 내는 이유는, 이런 내용조차 모르는 왕초보 사장님들이 어딘가에 분명 있을 것이기 때문이다.

블로그를 하면서 만나본 사장님들의 사업 스토리는 하나같이 다 간절했다. 회사에서 미친 듯이 고생을 해서 모은 돈으로 사업을 시작했다고, 진짜 이 사업이 안되면 큰일난다고, 잘 좀 부탁한다는 이야기. 온라인을 통해서 알게 된 분들이었지만, 정말 진심으로 도와주고 싶었다. 누군가는 자신의 시간과 노력, 열정을 모두 쏟아서, 쉴 틈이 없었고, 누군가는 자신의 전 재산을 올인한 사장님들도 있었다. 그런 소중한 사업이라면, 잘 알리고, 잘 팔아야 하지 않겠는가? 이렇게 열심히 하는 대표님들은 매출이 안 나와서 밤잠을 설칠 것이 아니라, 두 다리 뻗고 편히 자는 날이 많아져야 한다. 열심히 일한 대표님들은 그럴 자격이 있다.

그렇기에 필자는 이 책을 통해서 대표님들의 소중한 사업을 지킬 수 있는 방법을 아낌없이 알려주고, 도와주고 싶다. 자영업자에게 블로그는 여전히 경쟁력이 있는 영역이다.

대부분의 사장님들이 블로그로도 매출을 늘릴 수 있는데, 본인이 할 줄 모르고, 어렵다는 이유로 포기한다. 그런 사장님과 대표님을 위해 책을 내기로 결심했다. 다만, 유튜브나, 블로그를 조금만 검색해보면 알 수 있는 내용인 키워드 찾는 법, 상위노출 하는 법은 제외했다.

이 책에는 오로지, 블로그로 돈을 벌기 위해서 필요한 내용과 사례에만 집중했고, 여러분들이 어떤 부분을 리셋해야 돈을 벌 수 있는지에 초점을 맞췄다. 자신만의 사업을 키우고 수입 파이프라인을 확장하려는데 홍보가 잘 안되는 마음 졸이며 하루하루를 보내는 사장님들에게 이 책을 바친다.

1단계
마인드 리셋

Before

누가 내 블로그를 보겠어?

아무도 내 블로그를 안 보는데?

After

일단 글을 써서 올려볼까..?

누군가는 볼 지도 모르잖아?

리셋 1단계

마인드

블로그를 시작하기 전에 가장 먼저 마인드부터 리셋해야 한다. 블로그를 개인용 일기장이라고 착각하는 사람들이 있는데, 접근이 잘못되었다. 블로그로 돈을 제대로 벌기 위해서는 이 인식부터 달리해야 한다.

돈 버는 블로그는 개인적이고 사적인 공간이 아니다. 온라인 상가이며, 온라인 부동산이고, 여러분들은 그 건물의 건물주이다.

처음 블로그를 한다면 여러분의 상가는 형편없을 것이다. 간판도 없고, 내부 인테리어도 안 되어 있고, 이름 모를 골목길에 있어서, 아무도 여러분의 상가를 찾지 않을 것이다. 허나 이 공간은, 엄연한 상가이다. 사장님의 노력 여하에 따라 고객이 들락날락하고 물건을 사는 그런 상가 말이다.

정말 놀라운 점은, 이렇게 만든 블로그 상가가 대표님, 사장님이 자고 있는 동안에도 돈을 준다는 것이다.

17,638,994

이 숫자가 무엇을 의미하는지 아는가? 대한민국 인구 1/3에 해당하는 숫자이며, 현재 존재하는 네이버 블로그 아이디의 개수이다. 1,700만 명의 인원이 365일 24시간 동안, 시간과 공간에 제약 없이 돌아다니는 온라인상의 거리에 자신만의 간판을 세우고 상가를 꾸미는 일, 그것이 블로그의 올바른 인식이라고 필자는 생각한다.

자신이 짧게 쓴 글이라도 블로그에 전체공개로 올라가는 순간 누군가는 본다. 즉, 간판이 세워지는 것이다. 다만 간판을 만드는 기술과 간판을 제대로 된 위치에 설치하는 방법을 몰라서, 그 간판이 찾기 어려운 곳에 있을 뿐이다. 누군가가 간판을 봤다면, 여러분의 상가로 들어오기 마련이다.

○ 어떻게 하면 간판이 매력적으로 보일까?
○ 간판을 본 사람들이 들어오게 하는 방법은 무엇일까?
○ 물건은 어떻게 팔아야 할까?
○ 또 물건을 판 후에 새로운 상품개발은 어떻게 할까?

여러분들은 이 책을 통해 위에 대한 답을 찾고, 블로그를 단순 일기장에서 온라인 상가로 리셋하는 방법을 익힐 수 있을 것이다.

01 .... 내 블로그를 뜯어고친다고?

본격적으로 블로그를 리셋하기 전에, 질문을 하나 해보려 한다. 여러분의 블로그에는 어떤 포스팅이 올라와 있는가? 아래 한가지라도 쓴 사람이 있다면, 그 사람의 블로그는 리셋이 시급하다.

○ 자기 계발을 위한 기록.
○ 1일 1포스팅 / XX 챌린지 등의 기록성 콘텐츠.
○ 본인의 관점에서만 서술한 여행기와 제품, 맛집 리뷰
○ 사진 한 장과 짧고 의미 있는 명언과 곁들인 단편 일기.
○ 이벤트를 한다고 해서 올려둔 공유성 콘텐츠.
○ 읽었을 때 불필요한 내용을 길게 늘어놓은 글.

여러분이 살아남기 위해서는 어떻게 해서든 온라인 시장에 진입해야 한다.

"앞으로는 온라인 시장이 대세가 될 것이다."

이 말이, 코로나 이전에는 천천히 올 수 있었던 앞으로의 먼 미래 이야기였지만, 코로나 이후에는 그 시간이 급격히 단축되었다. 문제가 코앞에 떨어진 셈이다. 사장님이 오프라인 매장이 있거나, 공장을 가지고 있어서, 오프라인으로 서비스를 하더라도 이젠 온라인을 떼어놓고 이야기를 할 수 없게 되었다.

앞으로도 상품은 더 많아지고 획기적인 아이템은 현재 진행형으로 늘어나는 중이다. 이미 발 빠른 대표님들은 온라인쇼핑몰과 스마트스토어를 이용해서 온라인상에서 물건을 팔고 있다.

여러분이 생각한 아이디어는 이미 누군가 실천하고 있다. 돈이 되는 아이템이라면 너나 할 것 없이 비슷하게 따라 한다. 이런 상황에서 이미 멋지고 잘 꾸며진 온라인 상가에 정착한 고객들은 굳이 다른 곳에 눈길을 돌리지 않을 것이다.

지금 빨리 깨달아야 한다. 대표님의 경쟁사 오프라인 매장이 한적하다고 해서 돈을 못 번다고, 비슷한 처지라고 생각하면 안 된다. 알고 보니 보이지 않는 온라인 매장을 통해서 훨씬 더 큰 수익을 내고 있을지도 모른다. 심지어 식당조차, 오프라인만 하는 곳과 배달을 하는 곳의 매출 차이는 몇 배씩 차이 난다.

그런 상황에 홍보 채널로 블로그를 운영하면서 본인 관점에서 쓰고 싶은 글을 쓴다? 읽는 사람은 결국 본인과 그것을 응원하는 소수의 인원밖에 없다. 고객이 원하는 글을 써야 한다. 그것이 유일한 답이다. 그럼 어떻게 온라인 시장에서 고객에게 접근해야 하는가?

리셋 블로그는 여러분들에게 적합한 고객이 많이 들어올 수 있도록 방법을 알려줄 것이다. 글을 쓰는 법, 프로필을 꾸미는 법, 제목 짓는 법 그 외의 콘텐츠로서 사업의 가치를 올리는 법을 제대로 익히도록 도와주겠다.

일반인이 블로그를 사용해서 부업 수준의 돈을 버는 것과 자신만의 수익 파이프라인을 만들기 위해서 블로그를 운영하는 방법은 다르다. 이 부분을 확실히 하고, 이제부터 본격적으로 블로그를 리셋해보자.

02 .... 블로그로 돈을 벌 수 있다고?

이런 생각이 드는 분들은 두 번째 마인드 리셋이 필요한 순간이다. 네이버는 애드포스트라는 광고 시스템을 이용해서, 우수한 블로거들에게 광고 수익을 나누어주는 모델을 채택하고 있다. 이게 누구나 아는 네이버 블로그로 돈을 버는 방법이다. 허나, 그 금액은 블로거의 노력에 비하면 턱없이 부족한 수준이고, 확실히 이 방법만으로는 돈을 벌 수 없다. 거꾸로 생각해 보자. 이 광고 시스템을 돈 내고 이용하는 사업체가 있다.

노출시간대	기본 공시단가	구좌수(CPT	예상노출량/구좌
평일 00-01시	6,000,000	1	2,900,000
평일 01-02시	2,000,000	1	2,100,000
평일 02-03시	1,000,000	1	1,600,000
평일 03-04시	1,000,000	1	1,300,000
평일 04-05시	1,000,000	1	1,200,000
평일 05-06시	1,000,000	1	1,200,000
평일 06-07시	2,000,000	1	1,400,000
평일 07-08시	5,000,000	1	2,100,000
평일 08-09시	14,000,000	1	5,100,000
평일 09-10시	26,000,000	1	9,000,000
평일 10-11시	29,000,000	1	9,900,000
평일 11-12시	30,000,000	1	10,000,000
평일 12-13시	26,000,000	1	8,500,000
평일 13-14시	30,000,000	1	10,100,000
평일 14-15시	31,000,000	1	10,300,000
평일 15-16시	31,000,000	1	10,300,000
평일 16-17시	31,000,000	1	10,200,000
평일 17-18시	28,000,000	1	9,400,000
평일 18-19시	18,000,000	1	6,200,000
평일 19-20시	14,000,000	1	5,000,000
평일 20-21시	14,000,000	1	4,800,000
평일 21-22시	13,000,000	1	4,600,000
평일 22-23시	12,000,000	1	4,300,000
평일 23-24시	8,000,000	1	3,800,000

앞의 사진은 네이버 메인 배너에 광고를 올리는 단가표이다. 시간당 비용으로 책정이 되는데, 1,000만 명에게 1시간 홍보하기 위해서 광고주는 3천만 원의 비용을 쓴다. 분명, 광고 효과가 있고, 수익이 나오니 비싼 비용을 들이면서 광고를 하고 있을 것이다.

이것을 무료로 잘 활용할 수 있는 방법이 없을까?

필자는 고민 끝에 콘텐츠만 제작하는 데 시간과 노력을 다 빼앗기고, 광고 효과는 없는 분들을 위해서 블로그를 제대로 활용하는 방법에 대한 강의를 만들었다. 그 강의는 2021년 1월에 무료로 런칭하여, 1개월 만에 누적 수강생 1,500명을 돌파했다. 이에 대한 자세한 내용은 뒤에 다룰 예정이다.

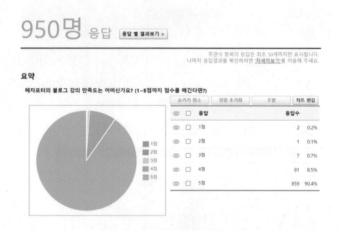

950명 중 940명이 평점으로 이야기했다. 이 교육은 가치가 있었다고. 필자의 교육을 끝까지 따라온 수강생 중에는 TV에 출연한 대표님도 있고, 강의 홍보 효과가 커진 강사님도 있고, 새로운 직업을 찾은 취준생도 있다.

필자는 자신만의 수익화 파이프라인을 만드는 법, 블로그로 돈 버는 법을 못 배운 분들을 위해 제대로 알려드렸고, 결과는 보신대로이다. 블로그라는 상가를 잘 가꾸고 꾸미기만 해도, 현실 세계에 영향을 줄 수 있다.

위 사례는 극히 일부분에 불과하다. 여러분들의 블로그를 제대로 리셋할 수 있다면 가만히 앉아 있어도 돈 버는 일이 생기고, 기업/기관 심지어는 TV에서도 요청이 들어올 것이다.

필자의 첫 번째 책 '블로그 시작했다, 평생직업이 생겼다.'가 포괄적이고 대략적인 방향을 알려주는 나침반 정도의 역할에서 그쳤다면, 리셋블로그는 여러분들이 정확하게 목표지점에 도달할 수 있는 내비게이션의 역할을 해줄 것이라 확신한다.

당연한 이야기이겠지만, 책이 모든 것을 해결해 주지는 않는다. 책에 나오지 않는 내용은 직접 찾아야 한다.

블로그를 비롯해, 유튜브, 브런치 등등 과거에는 접하지 못했던 고급 지식을 이젠 클릭 몇 번과 검색 몇 번으로 손쉽게 찾을 수 있다. 문제를 겪을 때마다 하나씩 성장해 나가고, 그것을 기록하고, 점점 블로그 활동을 활발히 하다 보면, 어느새 여러분들도 더 이상 돈 걱정 하지 않는 자신의 모습을 볼 수 있을 것이다.

특히, 블로그는 모든 마케팅의 기본이 되는 글 실력을 키울 수 있다. 블로그만 잘 배우고 익히고 실천한다면 나중에는 다른 종류의 마케팅, 영업 활동도 쉽게 할 수 있는 기반이 될 것이다.

04 .... 블로그로 코로나를 극복한 수강생들

"블로그를 꾸준히 할 시간에, 다른 알바라도 했으면 돈 더 벌었겠다."

블로그를 시작하고 3개월 정도 꾸준히 해본 사람들이라면 누구나 이 말에 공감할 것이다. 혹시라도 3개월 정도 블로그를 운영하고, 돈 안 벌린다고 불평할 생각이라면, 지금 당장 책을 덮어라. 이 이후 내용은 아예 볼 필요조차 없다.

인생이 걸린 공무원 시험 준비를 할 때조차도 최소한 1년을 투자하는데, 여러분의 인생이 바뀔지 말지, 매출이 2배가 될지 3배가 될지 모르는 상황에서 겨우 3개월 투자하고 성과를 바라는가?

최소한 1년 이상 운영할 생각으로 블로그를 시작해야 한다. 농사라고 생각하면 편하다. 농부의 심정으로 1년 농사를 짓는다고 하고, 블로그를 운영하면 추수의 기쁨은 그 어떤 것과 비교해도 만족할 수 있을 거라 생각한다.

블로그를 해본 적이 있는가? 그럼 알 것이다. 블로그를 꾸준히, 오래 하는 것이 상당히 어렵다는 사실을. 사진도 찍어야 하고, 제목도 신경 써야 한다. 그 안에 들어가는 콘텐츠는 모두 글이다. 글 한 줄 쓰기 어려워하는 사람들이 몇 개월간 보상 없이 꾸준히 운영하는 일은 확실히 쉽지 않다. 그 말을 반대로 하면 무엇이 되는 줄 아는가?

그 과정을 견디고 블로그 하나만 1년간 꾸준히 잘해도, 여러분이 모든 경쟁자를 제치고 성공할 가능성이 높아진다.

그런 의미에서 2019년도에 필자가 알고 있는 사연을 두 가지만 공유해 보겠다.

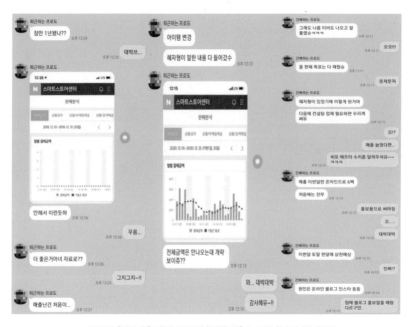

2019년 온라인 매출 0원 ➜ 2020년 일 평균 매출 2~30만 원 수산시장 대표님

이분은 필자의 지인이다. 블로그를 통해서 알았고, 블로그와 상품 리셋을 통해서 본인 사업에 적용할 새로운 아이템을 만들었다. 그 이후엔 스마트스토어에서도 2~30만 원씩 일매출을 내는 대표님이 되었다. 마지막 사진을 보면 한 달에 3,000만 원 매출을 달성한다고 이야기했다. 여기에 온라인 매출만 600만원.

이분은 인스타, 블로그 등 온라인 시장을 공략했다. 이런 성과를 내는 데는 꼬박 1년이 걸렸다. 온라인 마켓은 시장이 본격적으로 형성된 지 몇 년 되지 않았다. 특별한 전문가도 없고, 앞서가는 경쟁자도 오프라인에 비해 상대적으로 적은 편이다.

여러분은 이제부터 어디에 시간을 투자할 것인가?

오프라인 강사에서 비대면 강사로 바뀐 토익 강사님

이분 역시, 영어 공부라는 개념을 리셋해서 블로그에 옮기시고, 온/오프라인으로 활발하게 강사 활동 영역을 넓혔다. 이분도 거의 반 년 이상 걸렸다.

자, 이 두 분의 사례를 든 이유는 간단하다. 코로나로 오프라인 매장, 대면 직종이 어려워졌을 때, 이분들은 블로그를 리셋해서, 온라인상에 본인을 제대로 알리는 법을 배우고, 제대로 블로그를 활용했다. 그 결과 비대면 업종(배달, 비대면 교육)으로 전환하여 성공했다.

한마디로 요약하면 1년간 블로그를 리셋(Reset)해서 다시 태어났다는 이야기이다. 코로나로 매장에 사람이 없다고 스마트폰만 보고 있는가? 손님도 없는 매장에서 청소만 열심히 한다고 누군가 여러분의 제품을 사주지 않는다.

마지막으로 하나의 사례를 더 이야기해보겠다. 코로나 이후에 식당이 안되는 대표님들이 정말 많아졌다. 그런 분들 중에서 친한 식당 대표님 블로그 마케팅을 무료로 도와준 적이 있다. 신규 오픈을 했는데, 매출이 안 나온다고 걱정을 많이 하셨던 분이라 더 기억에 남는다. 결과는 도움을 드린 지 1개월 만에 매출 3배를 찍었다.

코로나라고 식당이 안 되는 것이 아니다. 여러분들이 아직 코로나 이후의 세상에서 식당을 성공시키는 공식이 무엇인지, 오프라인 매장을 살리기 위해서 어떤 노력을 해야 하는지 잘 모르기 때문이다.

이제는 여러분들이 직접 고객을 찾아가야 하고, 직접 영업도 하고 홍보도 해야 한다. 어떻게 해야 할지 막막한가? 두려운가? 괜찮다. 앞으로 나올 내용들을 차근차근 따라가면서 실천하면 여러분도 충분히 할 수 있다.

책 읽을 시간이 없다면, 이 파트만 달달 외우면서 실천하길 바란다. 쓸데 없는 내용으로 여러분들의 소중한 시간을 낭비하게 만들 생각 없다. 이 부분만 외우고, 실천하기만 해도 충분히 효과를 볼 것이다.

아무리 집중력이 없는 사람이라도, 최소한 성공을 위해서 이 책을 구매했다면 30페이지 정도 읽을 수 있는 인내심은 가지고 있을 거라 생각하고 본격적으로 온라인 생존에 꼭 필요한 4가지 기술을 알려주겠다.

카페를 예시로 들어보자.
사람들은 커피가 마시고 싶으면 카페라고 적힌 간판을 찾아서 들어간다. 그럼, 돈 버는 방법이 궁금한 사람들은 어떤 간판을 찾아서 들어갈까? 이런 사람들이 찾는 간판은 바로, 〈온라인, 무자본, 월 1천만 원〉이라는 간판들이다. 이런 간판들을 블로그에서는 **키워드**라고 한다.

네이버에 키워드(단어)를 검색한다는 행위를 생각해보면 온라인상의 손님이 목적을 가지고 상품을 찾기 위한 시도를 했다는 것이고, 이는 고객이 상품을 구경할 준비가 되었다는 신호이다.

이것이 가장 중요하다. 이 책의 모든 내용 중 80%에 해당하는 핵심 내용이니 위 문장을 곰곰이 생각해보고, 본인이 어떻게 해야 할 지를 생각해보자. 이것을 인식하기만 해도, 여러분은 여러분들의 주 고객층이 누구인지, 어떤 상품을 팔아야 하는지 머릿속에 그려질 것이다.

안 그려져도 괜찮다. 다음 내용을 같이 읽어보자. 만약 필자가, 〈무자본으로 블로그만 해서 월 순수익 1천만 원 만드는 법〉이라는 책을 냈다면 사람들은 그것을 보고 어떤 느낌을 받을까?

사기꾼이다 아니다, 갑론을박할 수도 있고, 돈을 벌 거란 믿음으로 책을 구매할 수도 있다. 호기심에 한번 사서 읽어보는 사람도 있을 것이다. 허나,

이것은 확실하다. 블로그로 돈을 벌고 싶은 사람들은 위 제목의 책을 그냥 지나치지 않는다.

블로그로 돈을 벌고 싶은 **고객**이, **블로그로 돈 버는 법**이란 키워드를 네이버에 검색하고, 필자가 작성한 가상의 책 〈**무자본으로 블로그만 해서 월 순수익 1천만 원 만드는 법**〉이란 책이 검색된다면, 그것을 구경하기 위해 블로그에 들어갈 것이다. 이것이 온라인 생존 기술 1단계인 컨셉의 기술이다.

① 컨셉의 기술

자신이 앞으로 무엇을 해야 할지 찾아야 하고, 그것을 잘 알리는 단어를 한 가지 선택해야 한다. 이것이 돈 버는 블로그 운영의 기본이다. 이 기술을 활용하기 위해서 여러분이 기억해야 할 것은 딱 2가지이다.

❶ 고객의 성별과 연령층.
❷ 본인이 알리고자 하는 것.

본인이 앞으로 무엇을 할지 잘 알고 있다면 컨셉 설정이 수월하겠지만, 아니라면 첫 번째 스텝부터 꼬이게 된다. 이 두 가지를 모른다고 하더라도 문제는 없다. 블로그는 컨셉이 불명확한 상태, 소위 말하는 잡블로그라고 하더라도 블로그에서 제공해주는 2가지 통계자료를 통해서 여러분들의 컨셉을 만들 수 있기 때문이다. 바로, 성별·연령별 분석과 주제별 조회 수 순위를 이용하면 된다.

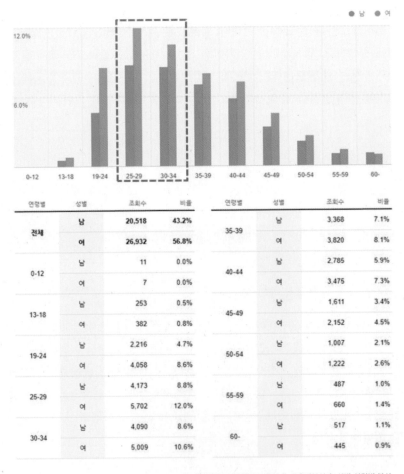

연령별	성별	조회수	비율		연령별	성별	조회수	비율
전체	남	20,518	43.2%		35-39	남	3,368	7.1%
	여	26,932	56.8%			여	3,820	8.1%
0-12	남	11	0.0%		40-44	남	2,785	5.9%
	여	7	0.0%			여	3,475	7.3%
13-18	남	253	0.5%		45-49	남	1,611	3.4%
	여	382	0.8%			여	2,152	4.5%
19-24	남	2,216	4.7%		50-54	남	1,007	2.1%
	여	4,058	8.6%			여	1,222	2.6%
25-29	남	4,173	8.8%		55-59	남	487	1.0%
	여	5,702	12.0%			여	660	1.4%
30-34	남	4,090	8.6%		60-	남	517	1.1%
	여	5,009	10.6%			여	445	0.9%

성별, 연령별 분석　　　　　　　확인 방법 | 내 블로그 통계 ➜ 사용자분석 ➜ 성별,연령별 분석

　위 자료는 여러분의 블로그에 어떤 연령의 어떤 성별이 많이 방문하는지 알려준다. 그럼 필자는 통계를 바탕으로 25~34살 여성이라는 명확한 타깃을 잡는다.

조회수 순위 ?	〈 2021.04. 🗓 〉	일간	주간	월간

게시물	주제

순위	주제	조회수
1	상품리뷰	21,748
2	맛집	10,031
3	비즈니스·경제	8,243
4	일상·생각	7,987
5	국내여행	4,136
6	세계여행	3,077
7	문학·책	1,460

주제별 조회수 순위   확인 방법 | 내 블로그 통계 ➜ 순위 ➜ 조회수 순위 ➜ 주제

1~3순위 순서대로 상품리뷰, 맛집, 비즈니스, 경제 파트가 가장 인기가 많은 것을 확인할 수 있다. 이러면 필자의 블로그를 많이 찾는 고객군을 미리 설정할 수 있고 여기서 본인이 원하는 컨셉을 몇 가지 만들면 된다.

25~34살(사회초년생) 여성 / 상품 리뷰 / 맛집 리뷰 / 비즈니스 경제. 위 단어들을 앞뒤로 조합을 해보면 그럴싸한 컨셉이 나온다.

　○ 사회초년생을 위한 알기 쉬운 비즈니스 경제 해설가
　○ 피로에 지친 직장여성을 위한 달콤한 디저트 카페 안내자
　○ 사회 초년 여성분들을 위한 사무용품 리뷰 전문가

이런 식으로 말이다. 여기서 중요한 점은 본인이 하고 싶은 주제를 컨셉으로 잡지 말고, 철저하게 통계를 기반으로 해 컨셉을 만들어야 한다.

② 홍보의 기술

자, 여러분이 무엇을 팔고, 어떤 층에게 팔려고 했는지 정했는가? 그럼 이젠 알려야 한다. 단 블로그라는 플랫폼이 **포털 검색 기반 알고리즘**을 채택한다는 것을 먼저 설명하고 시작하겠다.

이 단어가 무엇인지는 몰라도 된다. 쉽게 설명하면, 네이버에 다양한 키워드를 검색했을 때. 블로그뿐만 아니라 뉴스, 여행, 맛집, 쇼핑, 지식, 용어, 설명, 안내 등 다양한 결과가 동시에 나오는 것이다.

이것이 중요한 포인트이다. 인스타그램, 유튜브는 흥미 위주의 콘텐츠를 제작하더라도 사람들에게 인기를 끌 가능성이 높다. 허나, 블로그는 다르다. 오로지 정보를 위한 콘텐츠가 90% 이상이며, 그 이외의 콘텐츠는 잘 소비되지 않는다.

여기서 홍보 포인트를 잡아야 한다. 고객들은 냉정해지고, 현명해졌다. 여러분들의 제품이 좋다고, 남들보다 우수한 제품이라고 해봤자 믿지 않는다. 블로그 자체가 **정적 콘텐츠**이며 **키워드 기반 콘텐츠**이다. 글을 읽는 사람은 고객이고, 그것을 통해 살지 말지 판단하는 것도 고객이다. 그러므로 중요한 것은 이것 하나다.

정보의 전달

자신이 수십 년간 열심히 했고, 잘했고, 그 결과 훌륭한 제품을 만들었다는 사실을 어필하는 것은 잊어버려라. 블로그에선 그런 상업적 콘텐츠가 상위노출 되거나, 대중들에게 전달되지 않는다.

이 제품을 샀을 때 고객들에게 어떤 혜택이 있고 이득이 있는지, 이것을 가장 중요한 정보로 생각하고, 네이버에서도 이것을 우수한 콘텐츠로 생각하고 남들이 잘 보는 곳에 올려준다.

쉽게 말해서, 정보 형태로 홍보내용을 전달해야 한다.

　필자는 이런 형태의 정보전달이 얼마나 효과적인지 다양한 분야에서 테스트를 진행했다. 맛집, 데이트코스, 제품, 호텔, 어플, 책 등 470여종의 제품/서비스를 다뤘고, 이중 85%의 키워드에 대해서 상위노출을 한 경험이 있다. 그렇기에 더 확실히 이야기할 수 있다. 어설프게 여러분의 제품이 좋다고 홍보할 바에는, 장점, 단점을 솔직히 이야기하고 그 정보가 고객에게 얼마나 중요하고 필요한지 써라.

　블로그 홍보는 이런 방식이다. 알고리즘은 몰라도 된다. 이것이 핵심이고, 본질이다.

　이 본질은 블로그의 로직이 수차례 바뀌더라도 달라지지 않을 것이다. 여러분들이 블로그를 통해 홍보를 하고, 수익화를 만들기 위해선 **'나 잘했습니다'가 아니라 '당신에게 필요합니다'를 강조**해야 한다. 컨텐츠의 노선을 명확히 해야 한다는 말이다.

　한가지 주제에 대해서 쓰더라도, 자신의 컨셉에 맞는 정보를 적어야 하고, 하나의 단어를 쓰더라도, 사람들이 검색하는 단어를 써야 한다. 그럴 때 필요한 기술이 바로, 마케팅 기술이다.

③ 마케팅 기술

필자도 마케팅 능력이 없었기에 2020년부터 현직 마케터들과 토론을 할 수 있는 모임에 가입했고, 1년간 마케팅에 대해서 깊이 공부한 적이 있다. 거기서 얻은 결론은 두가지.

'마케팅은 정말 고객설정이 가장 중요하구나.' 이것이 핵심이었고, 마케팅을 잘하기 위해선 아래 4가지를 명확히 해야 한다는 것이었다.

❶ **주 고객층은 누구**이고
❷ **어디에 홍보를** 할 것이며,
❸ 어떤 포인트를 **마케팅 포인트**로 삼을 것이며,
❹ 마지막으로… **얼마만큼의 예산을 감당**할 수 있는지.

이 4가지 포인트를 블로그에 도입해서 하나씩 풀어보자.

❶ 주 고객층은 여러분 블로그 성별, 연령별 통계를 통해서 알아냈다.
❷ 어디에 홍보할지는 블로그라고 정했다.
❸ 어떤 포인트를 살릴지는 주제별 조회 수 순위에서 알아냈다.
❹ 예산은 블로그에 홍보하면 무료이다. 예산이 필요 없다.

자, 여러분의 머리를 아프게 했던 마케팅 방법을 블로그에 대입해보니 확실히 답이 나왔다. 이 이후부터는 디테일한 포인트를 살려야 한다.

여러분의 고객은 누구인가? 수년간 연구를 하고, 고생을 해서 만든 제품을 구매해서 가장 도움이 되고, 효과가 있고 그 제품을 쓰기만 해도 인생이 편해지고 즐거워질 고객층이 확실히 있는가? 어떻게 그런 고객이 있겠느냐고 하지 마라. 분명히 있다. 다시 한번 말하지만, 어떤 제품이 시장에 나오면 그 제품에 열광할 고객층은 분명히 있다.

트렌드코리아 2019에서 〈세포 마켓〉이란 단어가 처음으로 등장했다. 1인 미디어를 이용하며 SNS를 통해 판매를 이루는 형태의 마켓이다.

우리는 그런 세포 마켓에서 이름을 알려야 한다.

수천만 명에게 판매할 필요가 없다. 한 달에 딱 120명에게만 판매할 수 있다고 생각해보라. 하루에 4명이다. 그 제품을 팔았을 때의 순수익이 3만 원만 하더라도, 360만 원을 벌 수 있다. 딱 이 정도 규모의 수입이면 어떠한가? 회사에 다니는 것보다 훨씬 이득 아닌가?

고객 설정이 전부이다. 그 고객을 잘 설정하려면 일단, 나를 알아야 한다. 본인이 어떤 이야기를 하면 사람이 관심을 갖는지, 어떤 이야기를 하면 신뢰를 줄 수 있는지, 무슨 상품을 좋아하는지, 무엇을 잘 파는지, 무엇을 할 때 가장 자연스러운지 등 모든 요소가 마케팅 포인트가 될 수 있다. 이것에 대한 자세한 내용은 책 후반부에 자연스럽게 풀도록 하겠다.

④ 판매의 기술

마케팅의 벽을 넘었다고, 안심하기는 이르다. 당나귀를 물가로 데려오는 것까지가 마케팅이다. 물가까지 끌고 와도, 물을 마실지 안 마실지는 당나귀의 마음이다. 한데, 누군가 100% 당나귀에게 물을 먹일 수 있는 마법의 가루를 판다고 한다. 당나귀는 지금 당장 물을 마시지 않는다면 죽을 정도로 쇠약해져 있고, 당나귀가 죽는다면, 그럼 무거운 짐들은 다 여러분들이 지고 가야 한다.

자, 이런 상황에서 마법의 가루를 사겠는가? 아니면 당나귀를 죽이고, 본인이 무거운 짐을 지겠는가? 아무리 여러 번 읽어도 불공평한 양자택일이다. 이런 상황이면 무조건 마법의 가루를 살 수밖에 없지 않겠는가?

맞다. 그것이 핵심이다. 이게 바로, 세일즈이고 판매기법이다. 안 사면 손해 보고, 못 사면 문제가 돼서 절대로 살 수밖에 없는 이유를 만들어내야 한다. 그것을 만드는 방법은 여러 가지가 있다.

공포심을 조장해서, 안 사면 문제가 될 것이라고 하던지 (보험, 안전 분야)

/ 남들은 다 가지고 있는데 당신만 안 가지고 있다고, 당신만 뒤처져졌다고 하던가 (얼리어뎁터) / 이것을 통해 이득을 본 사람이 많은데, 선착순 3명한테 밖에 안 판다고 하는 형태 (희귀성)

이것을 구매하는 이득이, 지불하는 비용보다 훨씬 더 가치가 높다고 하는 식이다.

이들 중에서 본인이 무엇을 고를지는 본인의 선택이다. 하지만 이 모든 것을 블로그 하나만 있으면 할 수 있다는 점이 중요한 포인트다. 판매도, 여러분들이 블로그에 정확한 문장과 단어를 이용해서 고객들의 마음을 움직인다면 팔 수 있다. 심지어 앞으로 제품을 구매해달라고 하소연을 안 해도 24시간 언제 어디서든 팔 수 있다. 이것에 대한 자세한 내용은 후반부 콘텐츠 리셋에서 알려주도록 하겠다.

앞의 4가지 기술은 전 세계에 있는 99%의 기업, 사업가가 모두 활용하고 있는 기술이다. 믿기지 않겠지만 사실이다. 여러분이 다니는 회사에도, 기획팀, 홍보팀, 마케팅팀, 영업팀은 반드시 있다. 그리고, 이것이 돈을 가장 많이 벌 수 있는 기본 기술들이다.

앞의 내용이 이해가 안 가는가? 괜찮다. 평범한 99%의 사람들은 여기까지 읽어도, 무슨 말인지 모르고, 다음 장을 넘길 것이기 때문이다.

만약, 여러분 중 앞의 내용만을 가지고 블로그를 사업에 100% 활용할 줄 아는 사람이 있다면, 축하한다. 당신은 최소한 상위 1%에 들어갈 〈사업특화형 인재〉이다. 곧바로 책을 덮고, 당신의 사업을 만들기 위해 움직이면 된다.

먼저 떠난 사람은 내버려 두자. 여러분들을 위해서 더 중요한 팁과 실천 가능한 사례를 이 책에 모두 적어둘 테니, 그것을 잘 읽고 여러분들은 실천만 해주면 된다.

2단계
프로필 리셋

Before
블로그도 안 보는데,
프로필을 누가 신경이나 쓰겠어?

After
프로필이 가장 먼저 보이네?
뭐라고 적어야 고객이 내 상품을 구매해줄까?

리셋 2단계

프로필

소통 없는 서이추 금지입니다. 홍보하실 분들은 서이추 하지 마세요. 이런 멘트, 블로그를 하다 보면 심심치 않게 보이는 프로필 소개 문구이다.

프로필은 여러분의 블로그에서 가장 먼저 보이는 화면이기도 하다. 상가에서 간판으로 치면, 가장 눈에 띄고, 자주 보이고 잘 보이는 간판이다. 이 간판을 쓸데없는 문구로 낭비할 것인가, 여러분을 제대로 알릴 것인가? 제대로 알리고 싶은 이들만 다음 내용을 보고, 관심이 없는 분들은 다음 파트로 넘어가라.

상점, 상가에서 가장 중요한 것은 무엇일까? 당연히 여기가 뭐 하는 곳인지, 무엇을 파는 상점인지 명확하게 알려야 한다. 안타깝게도, 요즘은 대부분의 아이템이 다 겹친다. 커피, 아이스크림, 옷가게, 은행, 식당 등 비슷한 메뉴를 파는 가게들이 넘쳐나고, 그것은 블로그도 마찬가지다.

본인이 카페를 운영한다 했을 때, 스타벅스처럼 유명하지 않은 이상, 간판에 Coffee 또는 Cafe라고 적거나, 커피 컵 모양의 이미지라도 넣어야 한다. 그래야 사람들이 당신의 카페를 인식하고, 커피를 마시러 한 명이라도 더 들어온다. 이것이 간판의 중요성이다. 블로그도 마찬가지다.

블로그에서 간판 역할을 하는 것은 무엇인가? 블로그 대문과 프로필이다. 여기에 무엇이라고 적었는가? 자신이 무엇을 하는지, 무엇에 관심이 있는지 명확하게 적혀 있는가? 만약 아니라면, 그것이 여러분의 블로그에 리셋이 필요하다는 증거이다.

아래 사례를 보면 이것이 훨씬 더 명확해진다. 바로, 온라인에서 살아남은 유명한 유튜버들의 이야기이다.

01 .... 온라인에서 살아남는 유튜버의 법칙

2020년 가장 크게 성공한 비즈니스 유튜버 3명의 사례를 보면서 생각해보자. 블로그가 아닌 유튜브로 이야기하지만, 온라인상에서 돈을 번다는 원리는 동일하다.

연봉 10억 자수성가 청년 자청.
연 매출 55억의 회사를 운영하는 정다르크.
창업다마고치 순수익 1,000만 원을 달성한 신사임당.

워낙 유명한 분들이라 자세한 내용은 생략하겠다. 여기서 질문 두 가지만 하겠다.

❶ 이분들은 새로운 돈 버는 방법을 창조했는가?
❷ 이분들과 유사한 컨셉의 유튜버는 한 명도 없는가?

두 가지에 대한 대답은 모두 No이다. 이들은 마케팅 전략을 굉장히 잘 활용해서 성공한 사례이다. 여러분들이 온라인으로 수익화를 한 번도 해본 적이 없는 초보자라면 이 사례에 대해서 두 가지를 확실히 알아야 한다.

❶ 새로운 기술을 창조해서, 수익화를 해낸 사람이 아니라는 것.
❷ 자신이 할 수 있는 아이템을 제대로 타인에게 알렸다는 것.

자청 이전에도 블로그나 마케팅을 주제로 유튜브 채널을 운영하는 사람이 있었고, 정다르크와 신사임당 이전에도 스마트스토어와 온라인쇼핑몰은 존재하고 있었다. 단지, 본인이 무엇을 잘하는지, 무엇을 알려줄 수 있는지를 명확하게 정했고, 그것을 많은 사람이 보는 곳에 깔아두었을 뿐이다.

이들이 프로필을 만들기 위해 어떤 전략을 펼쳤는지 궁금하지 않은가? 각각의 캐릭터를 분석하면 아래와 같다.

자청
한강뷰가 보이는 아파트 + 훤칠하고 건장한 이미지의 청년 + **연봉 10억**

정다르크
연 매출 55억 회사 운영, **부동산 10개 소유**

신사임당
35세 백수에게 **순수익 1,000만** 원을 벌게 해준 창업다마고치 콘텐츠

3명은 서로 다른 방식으로 알리기는 했지만, 본질은 똑같다.

"나는 돈을 제대로 버는 법을 알고 있습니다."

이 한 가지를 제대로 간판으로 내세워서, 많은 사람에게, 어떤 사람인지 인식시키는 데 성공했다. 쉽게 말하면, 〈돈 잘 버는 방법〉을 파는 상점을 차리고, 그것을 온라인에서 가장 많은 사람이 보는 유튜브라는 곳에 간판을 세워둔 것이다.

위 사례를 통해서 이야기했지만, 여러분들은 가장 먼저 자신이 가장 잘 팔 수 있는 소재로 간판을 만들어야 한다.

❶ 어떻게 해야 사람들의 관심을 끌고
❷ 어떻게 해야 자신만의 팬으로 만들 수 있는지,
❸ 어떻게 해야 수익화를 하는지

이것이 여러분들의 고객에게 가장 먼저 보여줘야 하는 메인 간판이다. 블로그에서 이 세 가지를 고민해서 보여줘야 하는 부분이 바로 프로필과 메인 페이지. 온라인 세상에서의 나를 알릴 수 있는 프로필, 이것을 제대로 만들기 위해서는 무엇을 해야 할까?

02 .... 프로필은 결국 컨셉이다.

프로필은 결국 온라인 세상에서 나를 드러내는 하나의 캐릭터이다. 온라인 세상에서 부캐를 만든다고 생각하자. 부캐는 본인과 동일한 컨셉도 좋고, 실제 모습과는 정반대인 모습도 괜찮다.

이런 부캐의 정체성은 어디서 만들어질까? 바로, '이름(네이밍)'이다. 이름 하나만 잘 만들어도, 자신에게 딱 알맞은 캐릭터와 이미지는 저절로 만들어진다.

필자 역시 과거에 어떻게 부캐 이름을 지어야 할지 고민이 많았다. 나의 이미지와 내가 해야 하는 일, 나의 목적을 잘 드러낼 수 있을지 고민이 많았다. 일단 주위 가까운 것에서부터 시작했다. 유명하면서 나랑 비슷한 단어가 무엇이 있을지를 찾았다. 필자는 20대일 때 해리포터를 닮았다는 이야기를 참 많이 들었다. (어허…. 진짜다. 거기 들고 있는 돌 내려놓길 바란다.)

해리포터는 전 세계 누구나 알고 있는 유명한 소설/영화의 제목이니 사람들에게 기억되기 쉽겠다고 생각했다. 이것을 어떻게든 활용해 보면 좋은 이름이 나오지 않을까 했던 것이다.

필자가 원하는 이미지는, 선한 영향력, 욕심이 없는, 풍부한 느낌이었다. 교육하는 입장에서 정직하게, 제대로 알려주는 모습을 고객들에게 인식시키고 싶었고, 그런 단어를 찾다 보니, 김혜자 도시락이 떠올랐다.

혜자 도시락은 가격은 저렴한데 양은 풍부한 도시락이었다. 김혜자 선생님의 선한 이미지와 창렬이라는 단어와는 대비되는 표현. 이거다 싶었다. 해리포터의 [포터]와 김혜자 도시락의 [혜자] 그 두 가지 단어를 조합해서 만들어진 이름이 바로 '혜자포터'이다. 사람은 이름을 따라간다고 했던가? 필자도 마찬가지였다.

정확히는 혜자포터LN까지가 필자의 블로그 명이다. LN은, 부끄럽지만… 필자의 꿈은 원래 도덕 선생님 아니면 진로 상담교사였다. 우리가 알고 있는 인생의 내비게이션은 대학에 입학할 때까지만 작동한다. 공부를 열심히 해서, 좋은 대학에 가는 것까지만 길 안내가 되어있다. 그 이후에는 어떻게 살아야 하는지 아무도 알려주지 않고, 알지도 못하는 것이 답답해서 인생 내비게이션 (Life Navigation)의 약자를 따서, LN이라고 붙였다. 그리고 이 철학을 지키기 위해서 교육 쪽으로 다양한 분야를 팠다.

실제로, 고3 학생을 1년간 무료로 컨설팅해서 원하는 대학 2지망에 합격시킨 경험이 있고, 취업준비생분들에게 무료로 자기소개서 컨설팅을 해주면서, 서류합격은 물론 최종합격을 시킨 경험도 있다. (이 모든 것은 필자의 블로그에 다 기록해두었다.)

그렇게 인생에서 가장 중요한 것이 무엇인지 찾다 보니, 나라는 사람을 세상에 알려주는 것이란 생각이 들어 현재는 온라인 마케팅에 대해서 알려주는 강사가 되었다.

실제로 혜자포터LN라는 캐릭터로 활동하면서, 블로그, 글쓰기, 마케팅 교육에 힘을 썼다. 사람들에게 알려줄 때도 개인의 영리적인 목적보다는 하나라도 더 알려주려고 하고, 하나라도 더 챙겨주려고 하는 혜자스러운 마인드가 나에게도 천천히 스며들었다. 그것이 하나의 컨셉이 되고, 캐릭터가 되어, 꾸준히 활동한 지 2년째. 지금은 정말 많은 사람이 내게 그 이름이 잘 어울린다고 이야기해준다. 이제 '혜자포터LN' 하면 **블로그를 잘 가르쳐주**

고, 하나라도 정성스럽게 알려주려는 강사라는 식으로 인식이 되었고, 알려졌다.

현재도 많은 분께 온라인 마케팅의 기초를 알려주고, 매출을 높일 수 있도록 하는 방법에 대해 도움을 주고 있다. 이렇게 꾸준히 활동하니, 더욱 놀라운 점은 무엇인 줄 아는가? 한 달에 1,500명의 사람이 〈혜자포터〉라는 이름을 검색한다는 것이다. 실제로는 영화, 드라마에 존재하지도 않는 캐릭터의 이름인데도 말이다.

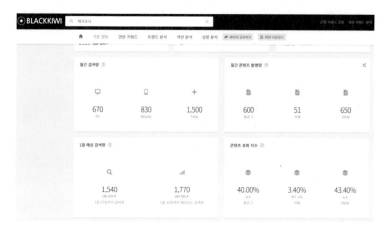

위 이미지는 블랙키위라고 하는 사이트를 캡처해 온 것이다. 블랙키위는 블로그에서 사람들이 얼마나 많이 검색하는지 알려주는 곳이다. 여기 혜자포터를 검색해 보았고, 한 달에 1,500명이 검색했다는 사실을 알 수 있었다.

프로필 리셋이 이렇게 중요하다. 평범한 XX 맘이라든지, 의미를 알 수 없는 영어, 어렸을 때 별명을 프로필로 만들면 아무도 여러분을 기억하지 못할 뿐만 아니라, 수익화와 브랜딩에도 전혀 도움이 안 된다.

앞선 유튜버와 필자의 사례를 보고, 프로필의 중요성은 깨달았는데, 어떻게 만들어야 할지는 잘 모르겠다는 사람들은 걱정하지 마라. 정말 쉽게 나만의 프로필을 만드는 법을 다음 페이지에서 알려주겠다.

03 .... **돈을 벌게 해주는 프로필을 만드는 3가지 방법**

◌ 어떻게 블로그 이름을 지어야 돈을 벌 수 있을까?
◌ 어떤 블로그 프로필이 사람을 많이 올 수 있게 할까?

이 두 가지는 초보 블로거뿐만 아니라, 블로그를 오래 운영한 사람들도 고민하는 부분이다. 필자가 생각하는 돈을 만드는 프로필 제작법 3가지를 알려주겠다. 아래 모든 사례는 필자가 수강생들에게 강의를 하면서 알려주었던 내용이고 여러분들도 쉽게 적용할 수 있도록, 풀어주겠다.

① 컨셉형 프로필

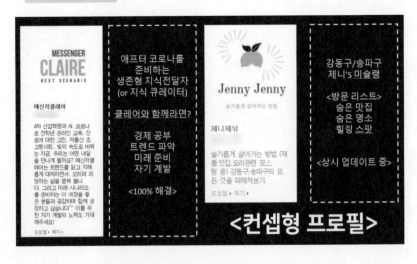

컨셉은 무엇을 시도해도 잘 먹힐 수밖에 없다. 평범했던 일반인 A에 컨셉을 입히는 순간부터 차별화되기 때문이다. 그리고 컨셉을 만드는 것은 어렵지 않다. 여러분이 처한 상황을 조금만 더 구체적으로 드러내면 된다.

❶ **평범한** 직장인 3년 차 김평범 씨 ➜ **해외마케팅부서** 3년 경력의 다잘해 씨

❷ **평범한 두 아이를** 기르는 워킹맘 ➜ **XX회사에서 캐릭터 디자인을** 하며 5살과 7살 딸아이를 기르는 어머니

❸ **맛집을 좋아하는** 맛집 블로거 ➜ **XX 지역에서 맛있는 커피만 찾는** XX구 커피 전문 리뷰어

이렇게 구체적인 정보만 몇 가지 나열해도 특별한 컨셉이 될 수 있다. 그 외에 블로그로 성공하기 위해서는 한 가지 전문 분야를 선택하면 된다.

② 상담형 프로필

여러분들이 아무런 자본 없이, 맨땅에 헤딩하면서 가장 빠르게 돈을 벌 수 있는 방법은 바로, 상담을 해주고 비용을 받는 것이다.

다양한 상담 유형

심리상담 | 진로상담 | 디자인 상담 | 글쓰기 상담 | 마케팅 상담 | 홈페이지 제작 상담 | 육아 상담 | 연애 상담 | 재무 상담 | 고민 상담 | 다이어트 상담 | 패션 상담 | 부동산 상담 | 사업 상담 등

상담이란 단어가 붙으면 고객들의 마음에는 2가지 심리가 발생한다.

❶ **상담비**가 얼마일까? 무료 상담은 없을까?
❷ 이 상담가는 전문가일까?

그 누구도, 공짜로 상담을 해준다고 생각하지 않는다. (무료 상담 이벤트 제외) 상담에 대한 대가가 있다고 생각하며, 그 사람이 해당 분야의 전문가라는 확신만 있으면, 비용 지불을 아까워하지 않는다. 그렇기에 이런 방식으로 프로필을 리셋하기 위해서는 자신의 전문 분야를 설정하는 것은 중요하다.

만약 지금 1일 1포스팅을 하다가 지친 블로거가 있다면, 이것부터 먼저 생각해 보라. 당신이 온라인 공간에서 남들에게 알려줄 수 있는 분야가 무엇이 있을지. 여러분의 강점은 무엇인가? 주위에서 여러분에게 무엇을 잘한다고 하는가? 그것이 여러분의 브랜드이다.

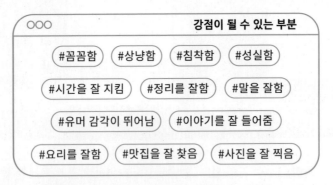

남들이 인정해주는 강점, 그것이야말로 여러분이 브랜드 네이밍을 잘할 수 있는 기회이다.

③ 육아맘 프로필

<육아맘 프로필>

작은꽃다발
반쪽짜리 워킹맘 일상 맘티처, 미드매니아
프로필▸ 쪽지▸

낮에는 선생님
밤에는 어머니

반쪽짜리 워킹맘?
(X)

일도 꼼꼼
육아도 꼼꼼

취미는 미드

말랑여사
장난꾸러기 남매를 키우는 귀차니즘 가득한 불량주부 "말랑여사랍니다~" 아이들을 키우며 이런저런 세상을 좀 더 알아가려 노력하고 있답니다. * 닉네임 변경 : 메이제이 → 말랑여사^ 감사합니다.
프로필▸ 쪽지▸

귀차니즘 불량주부?

알고보면

육아도 말랑말랑
요리도 말랑말랑

딱딱하고 복잡한
육아/요리?

말랑여사에게

이 부분은 블로그의 특성상, 육아맘, 워킹맘분들이 많기에 하나 넣어봤다. 필자는 블로그라는 공간 자체가 개인을 브랜드화하는데 특화된 채널이라고 생각하기에, 이를 감안하고 읽어주었으면 한다.

육아맘은 전국에 수백만 명이 있다. 그중에서 당신은 어떤 육아맘인가? 육아에만 전념하다 보니, 온라인 수익화나, 부캐에 큰 관심이 없는 분들은 소소하게 육아일기나, 요리일기, 여행일기 형태로 기록만 남긴다. 닉네임도 평범함 그 자체이다. 두아이엄마, 송파맘, 행복전도사와 같이 컨셉이 중복되는 육아맘들이 너무 많다.

허나, 어떤 육아맘은 자신만의 전문 분야가 있어서, 책을 출판하고, 물건을 팔고 강의를 하고, 상담을 해준다. 블로그로 성공한 육아맘 중에 어떤 분은 책을 14권이나 출판하고, 하루에도 만 명이 넘게 블로그에 방문한다.

하루 만 명이 블로그에 들어온다는 것은 엄청난 성공을 거둔 온라인 상가라는 의미와 동일하다. 만약 오프라인에서 한 상가에 하루 만 명이 넘는 사람들이 오고 간다면, 그곳은 핫플레이스 중에 핫플레이스다.

이것을 진짜로 매출과 연결해서, 실제 오프라인 상가라고 생각을 해보자.

매장하나에 매일 1만 명이 들어오는 것이 얼마나 큰 수치라고 생각하는가? 그중에 1%만 구매를 한다 해도, 매출에 얼마나 큰 영향을 미치는지 생각해 보았는가?

한국데이터산업진흥원에 따르면 강남구의 유동 인구는 월 440만 명이다. 그럼 하루에 15만 명이 오고 간다는 이야기인데, 생각해보자.

강남구는 유동 인구가 많긴 하다. 허나 오히려 너무 많은 인구 때문에 복잡하고 여유 공간이 없다. 여기에 최근에는 코로나로 사람이 붐비는 곳을 피하려는 심리가 생기고 있다. 심지어는 이 지역을 벗어나, 덜 붐비고, 덜 복잡한 곳으로 쇼핑, 휴식을 취하러 가는 이들이 늘고 있다.

행정안전부 지방행정 인허가데이터에 따르면 2020년 1월부터 8월까지 폐업상가 수가 강남구만 3,929개라고 한다. 손님이 없는데, 월세는 오르니 못 버티고 떠난다는 것이다.

그런 의미에서, 블로그라는 온라인 공간에, 본인과 본인의 상품을 찾는 고객을 확보해두는 것이 얼마나 중요한지는 굳이 말할 필요도 없다.

2021년 가장 유명해진 핫플레이스 더 현대 서울을 예로 들어보자. 개장하자마자 열흘 만에 200만 명이 방문했다. 여기서 놀라운 것은 하루 매출 102억을 찍었다.

반대로 계산을 해보자. 열흘 만에 200만 명인데, 하루에 매출 102억이니, 20만 명이 100억 원의 제품을 샀다는 것이다. 백화점 특성상 명품과 고가의 전자제품이 있는 것을 감안하더라도. 엄청난 매출이다. 그럼 다시 블로그로 성공한 육아맘으로 돌아와 보자.

이분의 블로그는 하루 10,000명이 들어온다. 이분은 책도 있고, 레시피도 있고, 물건을 팔 수 있는 온라인 쇼핑몰도 있고, 강의나 컨설팅도 진행한다. 이분은 유명인도 아니다. 쌍둥이 아들을 둔 평범한 대한민국 어머니 중한 분이다. 그럼, 이분의 매출은 얼마나 찍힐까? 모르긴 몰라도 어마어마한

부를 누리고 있을 것으로 생각한다.

부러운가? 허나… 이분의 블로그 이력을 보면 2004년부터 시작했고, 매일 5개의 포스팅을 꾸준히 했다. 포스팅의 개수는 거의 1만 개에 가까워졌다. 17년간 한눈팔지 않고, 블로그라는 한 우물만 판 결과이다.

블로그가 돈이 안 된다, 고생만 한다는 사람들의 이야기는 무시해라. 끝까지 안 가봤기에, 끝까지 버티지 못했기에 하는 이야기일 뿐이다. 여러분은 여러분이 해야 하는 것을, 제대로 만들어서 꾸준히 제대로 하기만 하면 된다.

다시 프로필로 돌아와 보자.

본인의 프로필은 어떤 것을 강점으로 하면 좋을까?

첫 번째로 해야 할 것은 철저한 본인 분석이다. 성격이 느긋한가? 따로 즐기는 취미가 있는가? 요리를 잘한다면 한식·중식·일식·간편식 중에 무엇을 잘하는가? 이전에는 어떤 직장생활을 무엇을 했는가?

두 번째는 남들이 바라본 여러분의 분석 또는 평가이다. 별명도 좋고, 자주 듣는 이야기도 좋다. 여러분에 대해 어떤 이야기를 하는가?

세 번째는 여러분이 위 두 가지 자료를 바탕으로 다양한 단어를 발굴해보는 것이다. 연예인 이름, 상품 이름, 책 이름, 고유명사, 형용사, 부사 등등 디테일하게 파고들어서 발굴해 내는 '프로필 키워드'가 여러분의 프로필 완성도를 높일 수 있다.

어떤 것이든 좋으니 다음 표에 한번 써보라.

어렸을 적 별명, 닮은 연예인, 본인의 꿈 등 여러분과 관련된 모든 키워드를 하나씩 적어보고 조합해 보자. 최소한 이 정도 정보만 있어도, 여러분들의 닉네임과 프로필에 쓸 문구를 찾아내기 좋을 것이다.

이름은 생명이다. 블로그에서도 마찬가지다. 여러분이 아무리 포스팅을 열심히 쓴다고 해도 다음에 다시 검색해서 들어와야 하는데, 닉네임이 평범하거나 너무 길어서 기억하지 못한다면 재방문할 수 있겠는가?

만약 필자의 닉네임이 혜자포터가 아니라, '포터블유니크인포스토리지' 같은 닉네임이었다면, 과연 여러분들이 검색해서 블로그에 방문할 수 있겠는가? 반대로, 30살 청년의 이야기라고 브랜드 네이밍을 했다면? 검색했을 때 이름이 똑같은 사람이 수십, 수백 명이 나올 것이다.

04 .... 프로필을 기억하게 만드는 것은 캐릭터

부캐릭터의 특징은 무엇일까? 그것은 바로 본인과는 전혀 다른 새로운 캐릭터. 즉, 하나의 마스코트 캐릭터나 컨셉을 이용한 캐릭터가 될 수 있겠다. 이런 이름과 이미지를 합치면, 여러분을 온라인에서 기억해주는 사람들이 훨씬 더 많을 것이다.

① 혜자포터 마스코트 캐릭터 (돈 버는 부적 고양이 포터)

일러스트레이터 먹꾸룸님 @muckku_room

2019년 9월 중의 일이다. 혜자포터라는 닉네임을 짓고 난 다음에, 이 이름의 이미지를 지키면서 강화할 수 있는 캐릭터 하나가 있으면 좋겠다는 생각이 들어서 인스타그램과 그라폴리오를 싹 뒤졌다.

마음에 드는 캐릭터 일러스트레이터를 찾기 위해 거의 1개월 가까이 수소문했던 것 같다. 그림체가 마음에 드는 분은 너무 인기 일러스트레이터라 찾아뵙기가 어렵고, 답장을 주신 분들은 지나치게 높은 캐릭터 제작 비용을 요구했다.

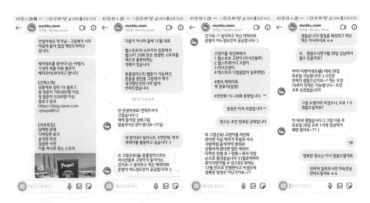

그러던 중 인스타그램에서 한 분을 찾았다. @muckku_room이라고 하는 분이었다. 원래는 이런 식의 의뢰는 받지 않는다고 하셨지만, 당시에는 너무도 간절해서 제발 그려 달라고 사정했던 기억이 새록새록 난다.

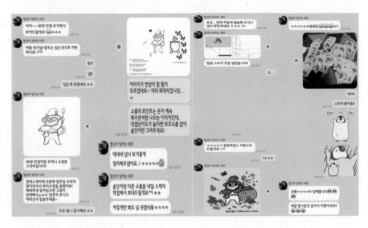

실제로 미팅을 마치면서 천천히 러프 디자인부터 하나씩 그린 다음 캐릭터의 소품을 넣었다. 캐릭터 제작이 완료된 후에는 스티커를 제작해서 수강생분들에게 돈 버는 부적이라며 하나씩 드렸다. 필자와 꾸준히 연락하는 모든 수강생분들이 정말 저 부적을 받고, 좋은 소식만 들려주었던 것은 개인적으로 자랑하고 싶은 부분이다.

② 혜자포터 마스코트 캐릭터 (캐리커처)

하슈랜드님은 사실 필자가 예전에 캐릭터 굿즈 사업에 관심이 있어서 그쪽 분야에서 기웃거리다가 알게 된 분이다. 따뜻한 감성의 캐릭터를 너무 잘 그리시기에 양해를 구하고, 즉석에서 캐리커처를 부탁드린 적이 있다.

다른 사람들이 필자를 어떻게 보는지 궁금했고, 특히 캐릭터로 표현된 모습을 보고 싶은 마음이 강해서 요청을 드렸는데 정말 놀랍게도 30분 만에 뚝딱하고 캐릭터 하나가 나왔다.

한동안은 해당 그림을 유튜브 프로필 이미지로 사용한 적이 있었지만, 너무 유하고 둥글둥글해서 강사의 이미지와 잘 어울리지 않는 것은 아닐까 하는 생각에 지금은 소중하게 소장만 하고 있다.

③ 혜자포터 마스코트 캐릭터 (그림 의뢰)

미술 입시 9년 차 캐릭터 디자이너 진니님.
이분은 블로그 교육을 하다가 알게 된 분인데, 아래와 같은 사람들을 대상으로 굉장히 저렴한 비용에 캐릭터를 디자인해 주신다고 하기에 앞뒤 가리지 않고 신청했던 것 같다.

#블로그 브랜딩을 원하는 분

#자신의 얼굴 프로필 사진을 쓰기 어려운 분

#퍼스널 브랜딩을 하고 싶으신 분

#신뢰가는 프로필을 가지고 싶으신 분

#자신만의 아이덴티티가 들어간 캐릭터를 가지고 싶으신 분

#브랜드의 대표 캐릭터를 원하시는 분

이런 캐릭터가 필자에게도 필요하다고 생각해서 바로 의뢰를 맡겨보았다. 필자 역시 캐릭터를 여러 개 만들어 보았던 터라 이 정도 가격으로는 원래 제작이 힘들다는 것을 알기에 기대 반 긴장 반으로 의뢰했는데, 너무 마음에 들었다.

초안은 블로그와 유튜브를 하는 컨셉이었는데, 아무래도 필자의 업이 교육이다 보니 강의하는 모습으로 바꾸면 좋겠다는 생각이 들었다. 그래서 다른 구도로 바꿔 달라고 말씀드렸는데, 요청사항을 잘 반영하여 만들어주셔서 감동 그 자체였다.

색감도 너무 잘 나와서, 정말 혜자포터의 마스코트 캐릭터라는 느낌을 확 받았다. 그래서 현재 이 마스코트 캐릭터는 유튜브 프로필과 썸네일에서 잘 사용하고 있다. (현재는 유튜브 재정비를 위해 모든 영상을 삭제했다.)

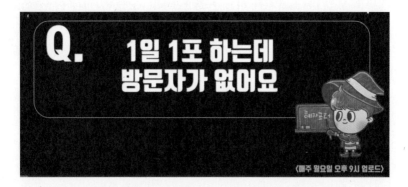

어떠한가? 위 영상과 캐릭터, 그리고 이름이 잘 매치되어 보이는가? 혜자포터라는 닉네임과도 아주 잘 어울린다는 생각이 들어서 한동안은 이 그림을 쓸 예정이다.

지금까지 브랜드 네이밍 그리고 그것에 어울리는 캐릭터를 찾는 법과 그것을 구체화하는 방법에 관해 설명하였다. 이 글을 읽자마자 프로필과 닉네임을 고치고, 캐릭터를 만들러 가려는 이가 있다면 나중에 꼭 한번 연락해 주기 바란다. 그런 실천력을 가진 사람이라면 어떤 분야에서든 성공하리라 생각한다. 그런 사람들이 있다면 언제든 시간을 내서라도 한번 이야기해 보고 싶다.

실제로 필자의 교육 철학을 블로그에 자주 적었다. 교육에 있어서 가장 중요한 것은 '**바른 방법으로 알려주고, 이해하기 쉽게 해주는 것**'이란 내용과, '**교육은 사업이 아니다**'라는 말을 했다.

필자는 어린 시절 가난했고, 비싼 과외를 받을 형편이 안 되었다. 고급 교육을 받을 기회는 많지 않았고, 집안이 어려우니 당연하단 생각을 했지, 부모님을 원망하거나, 탓을 한 적은 한 번도 없었다. 학교 공부가 재미가 없어서 집중을 하지 못한 것도 한몫했다.

이때의 경험 때문일까? 한가지 꿈이 생겼다. 나중에 나이를 먹어서 누군가를 교육할 기회가 생긴다면, 돈 걱정 없이 제대로 교육받을 기회를 줘야겠다고. 허나, 저런 꿈을 가지고 있었어도, 성장은 쉽지 않았다. 성인이 되어도 비싼 교육비는 마찬가지였다. 고급 강의, 특별강의, 스페셜 교육 등은 수십, 수백만 원을 내야지만 들을 수 있었고, 그 이외의 무료강의나 저렴한 강의에서는 힌트는커녕 교육의 티끌도 볼 수 없었다. 그 과정에서 날린 시간들은 정말 다시 생각해도 아까울 때가 많다.

진심으로 억울했다. 돈이 없는 것도 서러운데 교육에 있어서까지 차별을 당해야 하는 현실이 숨 막힐 정도로 스트레스로 다가왔다. 그렇다고 무너지진 않았다. 누구도 안 알려주면, 직접 배우면 되는 것 아닌가. 어차피 유튜브와 인터넷에 필요한 정보는 충분했다.

다만, 그 정보가 맞는지, 틀린 지 직접 알아봐야 하고, 테스트하는 데 시간이 오래 걸렸을 뿐. 그 과정에서 네이버에서 제재도 당해보고, 저품질도 걸려보고, 애드포스트 수입이 끊기는 일도 있었지만, 상관없었다. 모든 경험은 필자의 교육 교재이자, 사례로 하나씩 쌓였다.

필자는 독학으로 블로그를 배우고, 책을 찾고, 직접 실험을 하고, 연구를 한 결과를 바탕으로 다른 어떤 블로거보다도 빠르게 성장했다. 다양한 분야에서 상위노출에 관한 성공사례를 만들어 나갔다. 그런 노력과 성과도 자랑스러운 결과였지만, 중요한 것은 이것이다. 필자는 그 모든 노하우를 무료로 다 풀었다.

왜 상위노출 로직이 생겼는지, 무슨 단어를 찾아서 써야 상위노출이 잘 되는지, 사람들이 많이 쓰는 주제로 글을 쓰면 어떤 문제가 생기는지 등을 아낌없이 알려줬다.

누군가는 미쳤다고 했고, 누군가는 필자를 견제했다. 왜 열심히 배운 노하우를 공짜로 알려주냐고, 아마 모르긴 몰라도⋯ 이 당시의 필자는 블로그 강의계의 생태계 파괴자였다. 남들은 돈 주고 알려주는 고급 지식을 아무런 대가 없이 다 풀고 다녔으니⋯ 블로그 강사님들 중에는 분명 나를 싫어하는 사람도 있을 것이다. 허나 중요한 것은 그게 아니다.

누군가는 똑바로, 제대로 알려주고, 그런 올바른 영향력이 블로그에 쌓이면 블로그 생태계가 깨끗해지리라 생각했다. 블로그가 광고판이 되고 스팸이 넘치는데 블로그 강사라는 말이 무슨 소용인가.

깨끗한 블로그 생태계를 먼저 구축해서 사람들이 많이 모이면 그때 블로그를 통해서 강의를 하던, 컨설팅을 했을 때 더 효과가 크다고 생각했기에 아낌없이 풀었다.

이런 생각을 수강생들이 정말 알아줬던 것일까? 해당 강의는 선착순 500명 모집을 하는데 2일 만에 마감되었다. 그 후에는 제발 좀 또 열어달라는 이야기, 지인을 통해서 추천받았는데 또 이런 강의 없냐는 요청을 수차례 받아서, 두 번째로 앵콜 강의를 열었다. 그때 역시 하루 만에 마감되어, 스케줄을 조절해 세 번째 강의까지 열었다. 그렇게 총 1,500명의 사람 앞에서 강의를 했다. 이때의 경험은 아직도 생생히 기억이 나고, 그 소중한 후기들은 여전히 필자의 PC에 보물로 간직하고 있다.

이렇게까지 사람을 모은 것은, 필자의 교육 철학 덕분에 가능했다고 생각한다. 돈보단 사람, 돈보단 교육. 여기서 하고 싶은 말은 이것이다. 필자의 헤자포터LN이라는 프로필은 단순한 캐릭터가 아니다. 유명한 키워드를 합쳐서 사람들에게 인식하기 좋게 만든 간판이라고 생각할 수 있지만, 이 캐릭터는 필자의 철학을 품은 투사체이다. 말이 조금 어렵다면, 자신이 알리고 싶은 메시지를 알리기 위한 마스코트라고 생각하자. 매년 하반기에는 유료교육을 통해서 1년 동안 생활할 수 있는 수입을 만들고, 상반기에는 다시 무료교육을 통해서 교육에 비용을 투자하기 어려운 수강생들을 돕는다. 이것이 필자가 원하는 이상적인 교육관이다. 돈도 벌고, 필자가 하고 싶은 교육도 하고, 얼마나 멋진 인생인가?

교육에 대한 열망과 갈망은 누구나 동일하다고 생각한다. 다만 높은 비용과 허들, 어려운 전문용어 때문에 생긴 진입장벽으로 쉽게 시작하지 못할 뿐이다. 과외나 맞춤형 컨설팅, 1:1 고액 비용의 교육을 누구나 들을 수 있게는 못하겠지만, 최소한 기초적이고 기본적인 내용은 누구나 쉽게 배울 수 있도록, 기회의 장은 공평하게 만들어줘야 하는 것이 아닐까?

필자처럼, 가난이란 장벽 때문에 교육의 기회를 포기하는 사람들을 만들고 싶지 않다. 만약에 무료교육이 필요하다면, 매년 상반기를 기다렸으면 좋겠다. 얼마나 오래 할 수 있을지는 필자도 잘 모른다. 허나, 힘이 닿는 한,

시간이 닿는 한 돈 때문에 교육을 못 받는 사람들은 없애고 싶다.

이야기가 길어졌지만, 이런 정직함과 철학은 여러분이 살면서 한번 고민해보면 좋겠다. '자신에게 가장 소중하고 유일한 가치가 무엇인지.' '그것을 지키면서 수익화를 하려면 무엇을 생각해야 하는지.' 이 두 가지 질문은 여러분의 프로필에 대한 가치를 한층 더 끌어올려 줄 것이라 믿는다.

본인이 생각하는 올바른 삶을 산다면, 겁먹지도 말고, 눈치 보지도 말아라. 응원을 못 받아도 묵묵히 본인이 해야 할 일을 해라. 그리고 그것을 꾸준히 하자. 그럼 분명 여러분들의 생각에 동의해주는 사람이 생기고, 그것이 결국 영향력이 되어 온라인, 오프라인상에서 여러분을 도와줄 사람들이 늘어날 것이다. 그 사이, 돈은 덤으로 벌린다.

3단계
키워드 리셋

Before
내가 쓰고 싶은 것을 쓰면 사람들이 보겠지?

After
사람들이 어떤 단어를 많이 검색할까?
그 단어를 찾자.

리셋 3단계

키워드

위 두 가지를 리셋하면, 여러분들은 온라인 상가를 운영하기 위한 사장님 마인드와 상가를 알리기 위한 간판 리모델링을 마친 셈이다. 즉, 이제야 진정한 온라인 건물주를 만드는 블로그 리셋이 완료된 셈이다.

상가를 만들었다고 무조건 사람들이 찾아오진 않는다. 전단지를 뿌리거나, 이벤트를 하거나, 인플루언서에게 의뢰를 해서 홍보를 하지 않는 이상 여러분들 블로그에 들어오는 사람은 거의 없다. 허나 걱정 마라, 블로그는 이것 하나만 잘 챙기면 돈 한 푼도 들이지 않고 홍보할 수 있다.

바로. 키워드이다.

여러분들은 돈을 벌어다 주고, 사람들을 모아 주는 키워드를 알고 있는가? 만약 모른다면… 여러분의 키워드를 리셋할 시간이다.

01 .... 키워드는 고객을 불러올 수 있을까?

위 질문에 답변하기 전에, 트래픽이라는 개념을 먼저 알면 좋겠다. 트래픽은 쉽게 말하면 사람이다. 유동 인구라고 생각하면 좋겠다. 트래픽이 높으면 유동 인구가 많다는 뜻이다. 사람들이 많이 몰리는 곳은 돈을 벌 기회가 생기기 마련이다. 키워드는 바로 이 트래픽을 높이는 역할을 한다. 키워드로 본인의 블로그에 들어오는 고객을 많이 만든다면? 그 후에 구매하는 고객, 찜을 하는 고객, 여러 번 구매하는 단골 고객을 만드는 것은 여러분들의 몫이다.

한가지 예시만 들어드리겠다. 온라인에서 돈을 벌 수 있는 사업을 준비하는 여러분은 어떤 단어를 선택할 것인가?

온라인사업 vs 온라인부업

만약 평범한 99%의 사람이라면 본인이 하는 일이 온라인에서 돈을 버는 사업이니 온라인사업을 선택할 것이다.

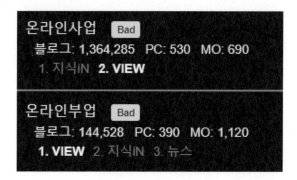

실제로 그렇다. 온라인사업이라는 제목으로 글을 쓴 사람들은 1,364,285 명이다. 놀랍지 않은가? 온라인으로 사업을 생각하는 사람이 최소한 130만 명이 있단 말이다. 아마 대부분 사람들이 위 사진을 보기 전에 온라인사업을 시작했으니 '온라인사업'이라는 키워드로 시작한다고 봐도 좋을 것이다.

여기서부터가 중요하다. 다른 것은 다 놓쳐도 되니, 이것만 기억해라. 블로그에 검색해서 1페이지에 보이는 포스팅은 모바일 기준으로 5개, PC 기준으로 10개만 보인다. 그럼, 130만 명 중에 5등 안에 들어가는 것이 어려운가? 14만 명 중 5등 안에 들어가는 것이 어려운가?

단순한 산수이다. 함정도 없다. 당연히 숫자가 많을수록 경쟁이 치열하다. 초등학생도 안다. 최대한 경쟁을 피해야 한다. 많은 사람들이 적지 않은 단어, 경쟁이 덜 치열하면서, 사람들이 많이 찾는 키워드를 찾아야 한다. 예시가 하나면 아쉽고, 제대로 이해도 안 될 것 같아서 하나만 더 알려드리겠다.

가장 대표적인 온라인사업. 위탁 판매에 대해서 들어봤는가? 재고 없이, 무자본으로 창업할 수 있다고 하면서 온라인상에서 굉장히 많은 사람들이 이야기를 한다. 온라인 수익화에 관해 관심이 있다면 한 번쯤은 들어본 단어일 것이다. 그렇다면, 드랍쉬핑(Drop Shipping)이란 단어는 알고 있는가? 만약에 몰랐다면 알아두길 바란다. 드랍쉬핑이란 판매자가 상품 재고를 두지 않고 주문을 처리하는 유통 방식을 말한다.

어라? 이거 어디서 들어본 내용 아닌가? 맞다. 위탁 판매와 동일한 구조로 활용하는 단어이다. 다만 해외직구를 위해서 많이 사용한다는 차이점이 있을 뿐이다. 그럼 이 둘의 블로그 포스팅 발행량은 어떨까? 비슷한 의미를 가지고 있으니 발행량도 비슷할까?

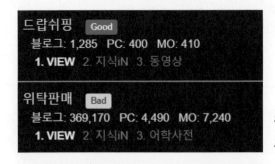

위탁판매 : 369,170개
드랍쉬핑 : 1,285개

또 단순한 산수를 해보자. 1,285명 중에 5등 안에 들어가는 것이 쉬운가? 369,170명 중에서 5등 안에 들어가는 것이 쉬운가? 두말할 필요가 없다. 그럼 이런 키워드를 어떻게 찾는지는 알고 있는가?

필자가 알고 있는 가장 효율적이고 도움이 되는 사이트 10가지를 알려주
겠다. 이것만 사용할 줄 알아도, 키워드를 못 찾는 일은 거의 없을 것이다.
이중에서 1~3가지 정도만 사용할 줄 알아도 여러분들이 키워드에서 헤매
는 일은 없을 것이라 자부한다.

키워드 분석 사이트 10가지

❶ 키워드 인사이트 | 상노 키워드 탐색, 크리에이터 어드바이저와
  연계 | http://www.keyword-insight.com/

❷ 크리에이터 어드바이저 | 조회수 확보용 사이트 - 키워드 인사이
  트와 연동 | https://creator-advisor.naver.com/

❸ 블랙키위 | 종합통계 활용 | https://blackkiwi.net/

❹ 네이버 데이터랩 쇼핑인사이트 | 리뷰용 조회수 | https://
  datalab.naver.com/shoppingInsight/sCategory.naver

❺ 키자드 | 백링크(구글검색) 등록 | https://keyzard.org/

❻ 블로그차트 | 간접 지수 체크, 블로거 참고용 | https://www.
  blogchart.co.kr/

❼ 블로그유틸 | 고단가 애드포스트 체크 | http://blogutil24.
  com/KeywordPriceFAction.do

❽ 웨어이즈포스트 | 누락확인 | https://whereispost.com/

❾ 키워드 히터 | 연관검색어 체크용 | https://keywordshitter.
  com/#

❿ 판다랭크 | 리뷰용 조회수 확보 | https://pandarank.net/

일단 정리를 하자. 어떤 블로그 키워드가 좋은가? 경쟁률이 적은 키워드가 좋은 키워드이다. 이것은 위 2가지 사례를 통해서 알려줬다. 허면, 조회 수는 어떠한가? 당연한 말이지만, 가장 중요하다. 트래픽이 늘어나야 고객이 늘어나고, 고객이 늘어나야 매출이 늘어나기 때문이다.

이 트래픽을 잡기 위해서 오프라인에서는 전쟁만큼 치열한 경쟁이 일어나고 있다.

우리의 눈에 닿는 모든 곳에 본인의 제품을 홍보하기 위해서, 트래픽을 확보하기 위한 전쟁이 일어나고 있다.

오늘부터 한번 신경을 써서, 얼마나 많은 광고를 보고 지나치는지 써보라. 집 밖을 나오는 순간부터, 집에 들어가는 순간까지 여러분의 시선이 닿는 모든 것이 광고라는 사실을 깨달을 수 있을 것이다.

이런 상황에서, 블로그 조회 수는 신경 쓰지 않고, 그냥 콘텐츠만 열심히 만들고 있다? 여러분은 1시간 혹은 그 이상 투자해서 열심히 콘텐츠를 만들고, 홍보하기 위한 글을 쓴다. 그런 상황에서 조회 수가 하나도 안 나오는 키워드를 제목으로 써서 홍보 효과가 안 나온다면 그 시간은 버려진 시간, 낭비된 시간이다.

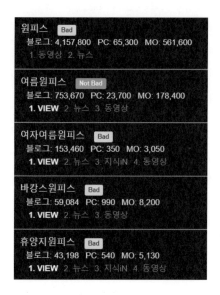

아무리 블로그에 글을 올리는 것이 무료라지만, 일부러 사서 고생을 할 필요는 없다. 꼭 여러분들이 핵심으로 생각하는 단어가 아니더라도, 검색되고, 노출된다. 사람들이 본다면 굳이 키워드가 딱 하나의 단어일 필요는 없다.

여러분이 옷을 판다면 원피스보단, 여름 원피스가 좋고, 그냥 여름 원피스보단 여자 여름 원피스가 좋다. 여기서 조금 더 생각하면 여름 원피스는 휴가 때 여행 갈 때 많이 입을 테니 바캉스 원피스, 휴양지 원피스를 여러분의 키워드로 생각하면 더 유리하다.

조회 수가 수십만에서 수천으로 줄었다고 실망스러운가? 앞서 이야기했지만, 여러분들이 하루에 4개만 팔아도, 이 시장에서는 승자가 된다. 1년간 꾸준히 하는 것이 중요하지, 한방에 많이 팔아서 일확천금을 노린다면, 지금이라도 늦지 않았다. 이 책을 덮어라. 이 책을 덮고, 다른 쉽고 빠르게 돈 버는 방법을 알려주는 유튜브나 책을 읽어라.

이 책은 왕초보 사장님들이 무료로 본인의 제품을 알리는데 필요한 지식을 알려주고 정직하게, 꾸준히 자신만의 컨셉과 스토리로 승부를 보려는 사람들에게 필요한 책이지 단기간에 떡상을 하거나, 대박을 노리고 있는 이들에게는 적합하지 않은 책이니 말이다.

사람들에게 자신들의 제품과 서비스를 인지시키기 위해서 정말 수많은 기업이 치열하게 머리를 싸맨다. 어떻게 해야 한 번이라도 더 고객의 눈길을 끌 수 있을지에 대해서 연구하고, 비용을 투자하고, 효과를 기대한다.

지금 당장은 효과가 없어 보여도, 기록이 누적되고 시간이 흐르면 당연히 그 시간에 비례해서 여러분을 아는 사람들이 늘어난다. 현재로서는 자기 상품과 브랜드를 고객들에게 인지시키기 위해 블로그보다 더 효율이 높은 매체는 없다고 생각한다.

블로그는 무료로 365일 언제나 자신을 드러낼 수 있는 간판이다. 최근에는 그 자리를 유튜브가 위협하고 있지만, 난이도와 시간은 블로그에 비할 바가 못 된다. 유튜브는 기획, 촬영, 편집을 모두 하는데 보통 3~4시간이 소요된다고 한다. 그런데, 블로그는? 좋은 키워드를 잘 찾고, 글을 적어 내리는데 짧게는 30분, 길어도 1시간이면 충분하다.

백만 유튜브를 노리고 키우는 것이 아니라면, 작은 범위에서 작은 규모의 사업을 하는 데는 블로그가 정말 유리하다. 거기에 상위노출이라는 개념을 더해 블로그 조회 수까지 늘릴 수 있다면, 여러분의 브랜드를 인지 시키는 것은 시간문제다.

03 .... 전단지 1,000장 vs 블로그 조회 수 1,000

가장 가까운 예시로 헬스장을 운영한다고 했을 때, 홍보를 위해서 아래 두 가지를 비교해보자.

- ❶ 1,000장의 전단지 뿌리기
- ❷ 블로그 체험단을 모집해 1,000회의 조회 수 만들기

어느 쪽이 헬스장에 더 많은 고객을 불러들일 수 있을까? 필자가 회사에 다니던 시절 지하철역 앞에서 헬스 관련 전단지를 나눠주면, 바로 다음 칸에 있는 쓰레기통에 버리는 비율이 10명 중 5명이었고, 지하철을 올라가서 버리는 사람은 남은 5명 중 4명이었다. 하루 이틀이 아닌, 매일 아침, 저녁마다 6개월 이상을 봤으니, 오차범위를 고려한 통계적인 데이터로 봐주면 좋겠다.

즉, 통계적으로 전단지를 1,000장 뿌리면 100장 미만이 사람들에게 전달된다. 그나마도 헬스장을 직접 이용할 사람일지 아닐지는 알 수 없다. 집에 가는 길 쓰레기통에 바로 버릴 수도 있을 테니 말이다.

반면, 블로그 조회 수는 어떨까? 필자가 과거에 블로그에 작성했던 헬스장 사례를 공개해보겠다.

조회 수 665명이지만, 주목해서 봐야하는 단어 3가지가 있다.

통합검색 뷰검색 블로그검색

맞다. 위 3가지 단어는 '특정한 사람'들이 '특정한 목적'을 가지고, '특정한 단어'를 네이버에서 찾은 뒤에 필자의 블로그까지 왔다는 뜻이다. 여기서, 가장 대표적인 통합검색을 예시로 검색 비율을 확인해보자. 그 세부내역을 보면 상호를 제외하고 아래와 같다.

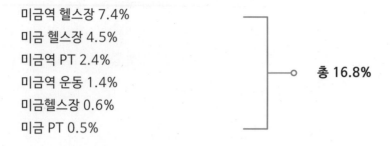

미금역 헬스장 7.4%
미금 헬스장 4.5%
미금역 PT 2.4%
미금역 운동 1.4%
미금헬스장 0.6%
미금 PT 0.5%

총 16.8%

전체 조회 수 665명 중 16.8%에 해당하는 111명은 최소한 미금역에서 운동을 하고 싶고, 헬스를 하고 싶은 잠재고객으로 분류할 수 있다. 전단지 1,000장과 마찬가지다. 결과만 보면 똑같이 100명이 남았다고 볼 수도 있다. 하지만, 관심 여부를 확인할 수 없는 행인과 미금역에 거주하면서 운동에 관심 있는 예비 고객은 같은 숫자라도 질적으로 다르다. 이것이 블로그 조회 수가 중요한 이유이다.

전단지 비용에 대해 궁금할 수 있어서 말하자면, 장당 40원~100원 전후이고, 여기에 제작, 디자인, 인쇄, 택배비는 별도이다. 이런 제작비를 대략 100,000원이라고 가정하면 1,000장의 전단지를 뿌리기 위해선 최소 200,000원의 제작비가 든다. 이것을 배포할 일일 알바를 고용하면 인건비는 추가로 들어간다.

한번 잘 쓴 블로그는 오래 상위노출이 되고, 그 순위는 잘 바뀌지 않는다. (특수한 키워드는 제외해야 한다.)

검색일 2021. 3. 17 기준으로 미금역 헬스장으로 검색하면 필자의 글이 6번째에 뜬다. 글 작성 시기는 2019. 12. 20이다. 일수를 계산하면 453일이다. 전단지를 뿌린다면 여기에 얼마나 추가 비용을 더 내야 할지, 계산할 엄두가 안 날 정도이다.

즉, 1년 이상 무료로 할 수 있는 홍보와 동시에 유효한 고객들만 모아올 수 있는, 소위 말해 홍보계의 황금알을 낳는 거위라고 할 수 있다. 광고 비용은 0원인데, 잠재고객을 계속 늘릴 수만 있으면 이보다 좋은 것이 어디 있겠는가?

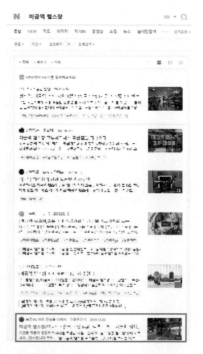

여기까지만 이야기하면 블로그 조회 수만 잘 챙겨도 누워서 돈을 번다고 생각할 수 있다. 조회 수 높은 게 장땡이라고. 물론 조회 수도 중요하다. 그러나 그 이후에 중요한 것들이 훨씬 더 많다.

블로그 조회 수는 인지하는 수준에서 그친다. 설령 여러분들의 블로그를 보고 조회 수 1이 늘어났다고 해서 상품·서비스 결제 건수가 1건 늘어난다고 생각하면 큰 착각이다. 블로그 조회 수만 늘리면 매출도 늘고 돈도 잘 벌 수 있다고 생각했다면, 빨리 근거 없는 희망 고문에서 벗어나야 한다.

조회 수는 그저 여러분의 상가에 한 사람의 행인이 와서 기웃기웃했다는 것일 뿐, 그 사람이 잠재고객이나 핵심고객이 되었다는 말과는 거리가 멀다. 그럼에도 불구하고 조회 수가 중요하다고 생각하는 사람들에게 3가지 전략을 알려주려고 한다. 블로그 조회 수를 어떤 방식으로 늘려야 할지는 직접 고민해 보고, 실천하면 좋겠다.

04 .... 양떼몰이 vs 전문지식 vs 교회오빠

① 양떼몰이형

가장 일반적이고, 많은 블로거가 사용하는 방법이다. 바로, 실시간 검색어와 이슈, 방송 키워드를 가지고 사람들을 유인하는 것이다. 실제로 이런 유형의 블로거들은 자신만의 전략으로 방문자를 모으기도 한다. 내가 알고 있는 몇몇 블로그에서는 이런 식으로 일단 조회 수만 많이 늘린다.

TODAY   32,764
TOTAL   40,701,831   오늘 4,919 · 전체 3,613,409

이런 전략도 분명 블로그 자체 조회 수를 높이는 데는 도움이 된다. 필자역시 연예인 이슈가 아닌, 여행 관련 이슈로 실시간 검색어에 오른 덕분에 일일 방문자 2만 명을 달성하였고, 그다음 날 애드포스트 수익을 보고 놀랐다.

첫 번째 사진이 조회 수 22,000건을 기록한 자료이고,
두 번째 사진이 해당 날짜의 애드포스트 수익이다.

(11월 9일 기준 17,000원)

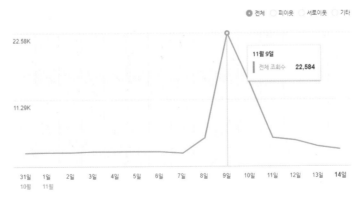

2020.11.14. 기준
2,885건

전체 ○피이웃 ○서로이웃 ○기타

22.58K

11월 9일
전체 조회수   **22,584**

11.29K

31일   1일   2일   3일   4일   5일   6일   7일   8일   9일   10일   11일   12일   13일   **14일**
10월   11월

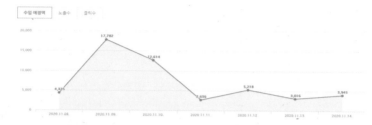

조회 수 1건당 대략 1원의 수익을 올릴 수 있다고 한다면? 방송 이슈를 이용하여 양떼몰이(대중들의 관심 끌기)로 하루 방문자 4~6만 명만 모아도 하루에 4~6만 원을 번다는 말 아닌가?

물론 2월 25일 기준으로 실시간 검색어를 찾는 기능이 네이버에서 사라졌지만, 이슈 사이트, 신문, 뉴스, 방송편성표, 언론사 등을 통해서 실검에 나올 키워드를 찾기는 어려운 일이 아니다.

연예인 이슈나 방송 이슈 등을 통해서 상위노출을 하는 이들이 주목해야 할 이야기가 하나 있다. 바로 사진에 대한 초상권 & 방송에 대한 저작권 문제이다. 많은 분이 방송 관련 키워드를 사람들이 많이 본다고 해서, 방송에 나온 내용을 그대로 캡처해서 블로그에 올리거나, 연예인 혹은 사진 대상의 허락 없이 아무 사진이나 올린다. 이런 경우, 법적인 문제에 휩쓸릴 수 있다. 특히 초상권, 저작권은 법을 위반하는 이들을 고소하는 전문적인 팀도 별도로 있을 정도이다.

실제로 방송 이슈를 잘못 올려 합의금을 물게 된 수강생의 케이스도 있었다. 반면, 방송 이슈 틈을 이용해서 돈을 버는 케이스도 분명 있다. 이런 부분은 본인의 선택이겠지만, 확실한 것은 위험부담이 있고, 그것은 온전히 본인의 책임이라는 것이다.

방송이 아니더라도, 양떼몰이를 할 수 있는 이슈들은 많이 있다. 다양한 대기업의 신상품(먹을 것, 자동차, IT 제품), 정부 정책, TV에 나오는 광고 새로 생긴 핫플레이스 등 잘만 찾아보면 이슈가 될만한 소재는 항상 눈에 띄기 마련이다. 눈을 크게 뜨고 잘 찾아보라, 혹시 아는가? 그런 이슈가 여러분들의 사업과 연관된 아이템이라서 함께 성공하게 될지.

다시 돌아와서, 하루 6만 원이면 한 달에 180만 원이다. 결코 적은 금액이 아니니, 이런 방식의 방문자 늘리기도 가능하다는 것을 이해하고, 키워드를 잘 찾아보라.

② 전문지식 확장형

이 방법은 느리지만 확실한 방법이다. 한 가지 주제에 대해서 깊은 지식을 뽐내는 타입. 실제로 이것 역시 필자가 사용해본 방법인데, 하나의 블로그에 블로그 교육과 관련한 정보만 계속 올렸다.

앞의 자료는 필자가 블로그 강사로 활동하기 위해서 기초적인 지식과 응용지식을 공유하고, 그것을 활용하는 예시를 충분히 들면서 초보 블로거분들과 블로그 교육이 필요한 분들을 대상으로 작성한 정보이다. 해당 작업은 2021년 1월 1일부터 시작했고, 현재 총 17편의 글이 올라와 있다. 그 결과는 어떠했을까? 2021년 1월에만 2건의 외부강의 요청이 들어왔다.

김포시 강의의뢰문의 ○

보낸 사람 [VIP] 구래청년지원센터 ▪ ▪ ▪ ▪ ▪ ▪ ▪ ▪ ▪

받는사람 〈jihoon8912@naver.com〉

안녕하세요 혜자포터님!
김포시에서 운영하는 구래청년지원센터 입니다
SNS 강의 의뢰 드리고 싶은데 ▪▪▪ ▪▪▪ ▪▪▪으로 연락 주실 수 있으실까요?
좋은 하루 되세요!

구래청년지원센터 김포창공

단일 선택	사업제휴 문의
연락처	▪▪▪▪▪▪▪▪
이메일	▪▪▪▪▪▪▪▪▪▪▪
단문 입력	외부 강의 문의 드립니다.
장문 입력	안녕하세요, 혜자포터님.
	저는 젊은 부자 마을 ▪▪▪▪▪▪▪▪▪ 매니저 젤리b라고 합니다.
	다름이 아니라 외부 강의 요청을 드리고 싶어 연락을 드리게 되었습니다.
	바쁘시겠지만 관심 있으시다면 꼭 답신 부탁드리겠습니다.
	감사합니다.

목록보기   다음글

이 타입의 장점은 시간을 한번 들여놓으면 조회 수가 급격하게 떨어지는 일이 없다는 것이다. 게다가, 이런 한 분야에 대한 전문성을 쌓는 모습을 꾸준히 보여주면 네이버 인플루언서에 선정될 수도 있다.

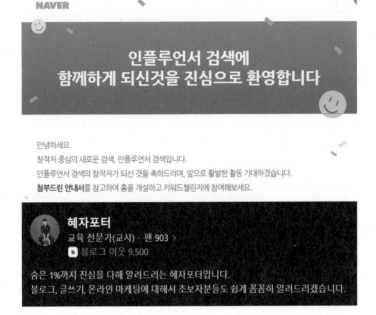

필자도 처음 블로그에 대해서 잘 모를 때는 무조건 방문자만 늘어나면 좋다고 생각했고, 양떼몰이 형을 이용해서 조회 수만 늘렸다. 그 결과 어떻게 되었는지 아는가? 남의 배만 불려주었다. 아무리 열심히 포스팅을 써도, 해당 업체나 대표로부터 감사 인사나 사례를 받은 적은 없었고 애드포스트 수익은 지지부진해서 수익화에도 큰 도움이 안 되었다. 남의 것만 홍보해주다 보니 브랜딩에도 전혀 도움이 안 되었다.

결국 양떼몰이 형의 최후는 남의 배만 불려준다는 사실을 1년 동안 블로그 100만 명을 만들면서 깨달았다. 마침 그날은 2019년 크리스마스이브였다.

 헤자포터LN 2019. 12. 24. 6:00   URL 복사 🔲통계 ⋮

머리에 망치를 맞은 느낌이었다. 매일매일 회사에서 퇴근하고, 쉬어야 할 시간 줄이고, 놀아야 할 시간도 줄이며 자는 시간까지 줄여서 실천했던 1년의 세월이 결국에는 남들 좋은 일만 시키는 것이었다니… 허탈하긴 했지만 오히려 멋진 크리스마스 선물이란 생각이 들었다.

더 이상 헛고생하지 말라고, 본인이 직접 제품/서비스를 만들어서 블로그에 홍보하라고 산타클로스가 내 머리를 때리며, 정신 차리라고 해준 느낌이었다. 그 이후에는 오로지 블로그 마케팅 강사와 사업 및 마케팅 컨설턴트로 방향을 잡고 글을 쓰기 시작했다.

그렇게 마케팅, 블로그에 대한 강의도 많이 했지만, 남들이 보기에도 전문적으로 보이는 시리즈 콘텐츠를 2021년 1월부터 꾸준히 만들어서, 15개 ~20개 정도를 쌓았다. 그것을 바탕으로 인플루언서에 통과가 되었고, 수강생도 정말 많이 늘었다.

필자가 운영하는 단톡방의 인플루언서 통과 케이스도 함께 보여드리겠다. 전문가형 콘텐츠를 쌓았을 때 유리한 이유이다.

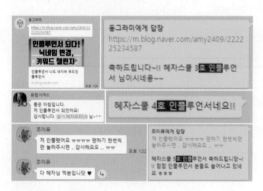

대표적으로 몇몇 분들만 뽑았지만, 그 이후에도 일주일에 1~2명씩은 꾸준히 네이버 인플루언서에 선정되는 모습을 볼 수 있었다. 인플루언서에 통과가 되면 다양한 혜택이 있다. 키워드 챌린지에 참여가 가능하고 일반 애드포스트보다 비용이 높은 프리미엄 광고도 달 수 있으며, 특정 분야에 대해서는 네이버 익스퍼트도 빠르게 통과할 수 있다.

전문지식 확장형은 일주일에 2~3회 정도만 신경 써주면 되고, 그만큼 여유가 생기기에 양질의 글과 자신의 전문지식을 뽐내기 좋아진다. 여기에 더해서, 사업을 하고 있다면 매출로 연결이 되기도 한다. 물론 이 타입의 경우에는 폭발적인 방문자 증가는 어려울 수 있다. 리뷰, 일상, 여행, 이슈 등등 다양한 주제로 글을 올리며 1일 1포스팅을 유지하지 않고 본인의 사업, 상품, 서비스와 관련된 글만 주 3회 올리는 형태이기 때문이다. 범위가 좁아진 만큼 키워드 역시 찾기 어렵고, 상위노출을 잡기도 어렵다. 시간의 마법이 필요한 방법이다.

'Slow And Steady(천천히, 꾸준히)' 필자가 생각하는 성공에 가장 빠르게 다가가는 방법이다. 딱 한 가지 주제로만 꾸준히 쓸 것.

필자가 가장 좋아하는 명언 중 하나이다.
필자의 교육 마무리 고정 멘트이기도 하다. 새로운 것을 배운다면 익숙하

지 않으니 당연히 시간이 걸린다. 시행착오도 필요하다. 그런 상황에서, 어렵다고 멈추고 포기하는 사람과 어렵지만 천천히 한 걸음씩 성공을 향해 묵묵히 걸어가는 사람, 어떤 사람이 더 빨리 성공할까? 필자는 꾸준한 사람을 좋아하고, 그런 수강생을 만나게 되면 한 마디라도 더 보태주고 힘이 되어주고 싶다.

해당 유형의 또 하나 장점은 나중에 전문가가 되어서 추가수익과 부수입을 창출하는 데 도움이 된다는 것이다. 필자는 양떼몰이형과 전문지식 확장형을 병행하였고, 현재는 블로그와 온라인 마케팅, 온라인 글쓰기 분야에서 강의와 컨설팅을 진행하고 있다. 그리고 이렇게 되기까진 2년도 채 걸리지 않았다. 멈추지 않고 꾸준히만 한다면, 성공하는데 그리 오랜 시간이 걸리지 않을 것이다.

③ 친절한 교회오빠형

교회 오빠라는 말 누구에게 많이 쓰는가? 설마, 진짜 교회에 다니는 남자 사람 중 나이가 많은 이를 떠올린 사람이 있다면, 그 생각은 바로 지워버려라. 종교적인 이야기가 아니다. 교회 오빠라는 단어가 주는 느낌. 그것에 집중하자. 따뜻함, 다정다감함, 선망의 대상, 착할 것 같음 등이 떠오르지 않는가? 그런 교회 오빠 느낌의 사람들에겐 항상 많은 사람이 따르지 않는가?

온라인 세상도 마찬가지이다. 따뜻하고, 다정다감하고 믿을 수 있는 사람이란 느낌이 있으면 사람들이 저절로 모여든다. 단순하게 생각하자. 여러분의 친구들 중에서 자주 만나고 싶고, 항상 보고 싶은 사람을 떠올려보라.

어떤 이미지인가?

남들과 비교하면서 당신을 은근히 깎아내리는 친구와 남들과 비교하더라도, 당신의 장점과 좋은 점을 하나라도 더 찾아서 응원해주는 친구, 같이 식

사한다면 누구와 보겠는가?

블로그 조회 수를 늘려주는 것도 결국 사람이다. 우리는 항상 믿을 수 있는 사람의 부재에 목마름을 느낀다. 그런 사람들에게 먼저 가서 인사를 나누고, 댓글을 달고 공감 버튼을 누르고 소통을 해준다면? 그냥 기계적으로 '방문했습니다~' 이런 것이 아니라, 정말 글을 읽어주고, 본인의 이야기처럼 공감해주고, 이해해주고 위로해준다면? 여러분은 고객이 아닌, 평생 함께할 찐 팬을 만들 수도 있다.

온라인상에서도 아직까지 우리나라만의 전통이 있다. 바로 품앗이라는 개념이다. 힘들 때, 자기 일처럼 도와주는 성자(Saint)형 인물들에게 잘 어울리는 방법이고, 필자 역시 이 방법으로 방문자와 팬을 늘린 분을 한 분 알고 있다. 그분의 블로그에 가면, 댓글만 보더라도 마음이 훈훈해진다.

온라인상임에도 불구하고 바로 옆집 오빠, 형처럼 따뜻하게 맞이해주고, 진심 어린 고민이 있으면 그것을 구구절절할 정도로 끈끈하게 소통하려고 하는 모습. 이분은 인간과 인간에게 진심으로 필요한 믿음, 신뢰, 인간성을 믿고, 그대로 행하시는 분인데, 같은 남자가 봐도 멋있다.

해당 블로그에 많은 인원이 방문하지는 않는다. 허나 그분이 무언가 프로젝트를 하거나, 선착순 이벤트를 진행하면 마감하는 데 하루도 걸리지 않는다. 심지어는 인원을 추가로 좀 늘려주면 안 되겠냐며 하소연하는 사람들을 본 적도 있다.

실제로 이분을 뵙고 이야기를 나눠본 적이 있다. 이분의 삶의 모토가 한 사람을 소중히 여기는 것이라고 했다. 자신을 찾아주는 사람이 단 한 사람뿐이라고 하더라도 그 사람과의 관계를 끈끈하게, 진하게 유지하는 것이 수익이나 자신 홍보보다 더 중요하다고 했다.

온라인에서조차 이렇게 끈끈하게 사람을 챙기는데, 하물며 오프라인에서는, 그분이 운영하는 프로젝트에서는 얼마나 잘 챙겨줄지 기대감이 들지 않는가?

필자 역시 그분의 철학에 감동했고, 교육할 때 그렇게 하기 위해서 숨은 1%까지 진심을 다해서라는 철학으로 모든 교육에 힘을 쓰고 있다. 한 사람이라도 필자를 필요로 하는 사람이 있다면 아낌없이 정성을 다해 알려주려고 노력한다.

온라인이라 하더라도 사람에게는 따뜻한 말 한마디와 진정성 있는 소통이 필요하다. 이런 교회오빠형 타입으로 블로그 조회 수를 늘릴 수 있다면, 사업 이상으로 많은 것을 얻어갈 수 있다고 생각한다. 세상에는 이렇게 진심을 다하는 것으로 마케팅을 하는 분도 있다.

사람마다 성향이 다르고, 특성이 다르고, 환경이 다르다. TV도 자주 안 보고, 최신이슈에 느린 사람이 양떼몰이 형으로 방문자를 늘리려 한다? 스트레스받아서 블로그를 며칠 하지도 못하고, 그만둘 가능성이 높다.

블로그 조회 수를 올리는 3가지 공략법 역시 본인의 타입에 맞춰서 사용해야 한다. 사람은 모두 다양한 재능이 있다. 누군가는 말을 잘하고, 누군가는 글을 잘 쓰고, 누군가는 사람의 이야기를 잘 들어줄 수 있다. 그렇기에 키워드를 리셋하기 전에 본인이 어떤 사람인지 아는 것이 중요하다.

키워드는 모두 다르게 적용해야 한다고 생각한다. 그래야 마케팅 전략을 적용할 때 무엇을 노려야 하는지 명확히 할 수 있다. 조회 수(빈도)를 늘려서 그중에 소수 인원의 구매 전환을 목표로 할지, 인원은 적더라도 본인의 상품/서비스에 관심이 많은 사람을 끌어들여 구매 전환율을 높일지의 차이이다. 블로그 마케팅은 전략이 중요하고, 그 출발은 키워드다.

05 .... 고객이 많이 찾는 키워드, 어디에서 찾나?

여기까지 들었다면, 당연히 이 질문이 나와야 한다.

이런 키워드들은 어디서 찾아야 하나요?

이런 황금알을 낳는 키워드를 찾아주는 사이트는 많다. 키워드인사이트, 블랙키위, 네이버데이터랩, 크리에이터 어드바이저 등등 이런 사이트들은 책이 출판된 이후에도 계속 나오고 있고, 기존의 사이트가 사라지기도 하니 따로 정리하진 않겠다. 실제로, 이런 사이트를 이용하는 방법은 이미 블로그나 유튜브에 정보가 널려 있다.

책에 이런 툴을 사용하는 방법을 모두 적는 것은 리셋블로그라는 주제에 맞지도 않고, 종이 낭비라는 생각이 들기에 직접 위 사이트에 검색해서 하나씩 기능을 익히는 것을 추천하고, 필자는 이것 하나만 알려주겠다.

블로그 발행량은 적고, 조회 수는 많은 키워드를 찾아라. 바로, 〈정보의 비대칭〉을 이용하는 것이다. 이것은 여러분이 조금만 주변에 관심을 가지면 쉽게 찾을 수 있다.

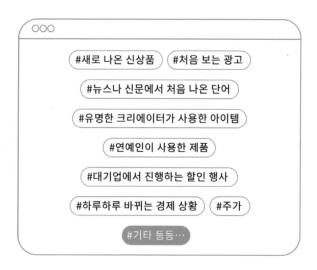

새로운 정보는 궁금한 사람은 많지만, 그 정보를 제대로 정리하는 사람은 없다. 정보의 공급은 적은데 수요는 많다. 이런 비대칭의 틈에 기회가 숨어 있다. 이 개념 하나만 알고 있으면 키워드에 관한 내용은 충분하다고 생각한 다.

4단계
컨텐츠 리셋

Before
좋은 제품이니 제품 소개 위주로 쓰면 되겠지?

After
이 제품을 쓰면 고객들에게 어떤 이득이 있을까?

리셋 4단계 ○─────────────────────
●──────── 컨텐츠

위에서 키워드를 잘 찾았다면, 여러분의 상가로 들어올 수 있는 동선까지 완벽하게 구축했다. 지금쯤이면, 여러분들의 간판을 보고, 기웃거리는 손님들이 한두 명씩 늘어나기 시작했을 것이다. "이 상점에서는 무엇을 팔까?"라는 생각을 하면서 말이다.

이 상황에서, 여러분들은 지금 무엇을 알리고 있는가? 상품의 기능? 성능? 가격? 이런 것을 잘 알려서 성공하는 시대는 이미 10년 전에 끝났다. 대기업이 PB제품을 생산하면서 생필품 가격은 더 이상 낮아질 수 없을 정도로 낮아졌다. 가격 경쟁력으로 이기기엔 무리가 있다.

성능과 기능 역시, 좋은 기능이 있다면 대기업이나 자본력을 갖춘 업체에서 금방 비슷한 것을 만들어낸다. 제품 자체로 경쟁력을 만들기는 불가능에 가깝다.

허나 여기서 잘 찾아보면 신기한 현상이 눈에 띈다. 특히 이 현상은 인터넷을 하면서 광고를 보다 보면 더 많이 찾을 수 있다. 난생처음 듣는 브랜드이고, 처음 보는 회사이다. 심지어는 그 제품이 우리에게 별로 낯설지도 않은 익숙한 제품이다. 그런 제품이 적게는 수천 개, 많게는 수만 개가 팔린다.

제품의 경쟁력을 만들기 어려운 시대가 분명한데, 어떻게 해서든지 경쟁력을 만들어서 성공하는 작은 기업의 사례는 존재한다. 이들은 무엇을 잘했을까? 필자는 딱 하나라고 생각한다.

고객에게 먹히는 콘텐츠

이것 하나를 잘했기에 성공했다고 생각하고, 그것을 가장 쉽게 배울 수 있는 곳이 바로 블로그라고 확신한다. 이젠 정말 중요한 단계에 왔다. 여러분들의 블로그에 상품을 진열할 시기가 온 것이다. 사장님이 아무리 좋다고 외치고, 홍보해봤자, 본인만 그렇게 느끼고, 남들에게는 잡동사니처럼 느껴지는 상품들 많이 봐왔을 것이다. 지금까지 여러분 블로그에 올라온 글들이 그런 상품 가치가 없는 잡동사니일 가능성이 높다. 그런 잡동사니를 멋지게 갈고 닦아 값비싼 골동품으로 만들지, 아니면 잡동사니를 모두 걷어내고 새로운 신상으로 바꿔서 진열할지 선택해야 한다. 그것이 바로 콘텐츠 리셋이다.

01 .... 다이소 전략 vs 스타벅스 전략

당신의 상점이 어떤 상점인지 인지 시키고,
당신의 상품이 무엇인지 고객에게 관심 을 갖게 만들고,
고객이 당신의 상품을 구매 할 수 있도록 하는 법.

이것을 콘텐츠로 풀어낼 수 있는 곳. 그러면서 시장의 반응을 즉각적으로 확인할 수 있는 곳 중에서는 블로그가 가장 쉽고 저렴하다. 광고비용 한 푼도 안 들이면서, 키워드를 잘 찾고, 콘텐츠를 잘 만들면 그 콘텐츠가 먹히는지 안 먹히는지는 **조회 수**라는 통계로 보여준다. 이것은 상품을 진열에서 판매하는 기본적인 원리이다. 이 원리를 어떻게 블로그에 잘 적용해야 할까?

필자가 블로그 교육을 하다 보면, 강의가 끝나고 Q&A 시간에 반드시 나오는 질문이 있다.

"혜자포터님, 블로그 주제를 잡으려고 하는데 한 가지 주제를 잡는 게 좋

을까요? 여러 개를 하는 게 좋을까요?"

그러면 다음과 같이 대답한다.

초보자 강의 때는, "여러 개를 하면서 본인이 하고자 하는 것을 찾으면 좋다." 중급자 또는 사업자분들에게는, "한 가지 주제를 깊게 파서 그 분야에서는 대표님의 블로그에만 오도록 만들어라."

그렇다. 결과적으로는 넓은 것에서 출발해, 좁은 지역으로 좁혀나가는 과정이 필요하다. 여기에도 전략이 있다. 다이소처럼 운영할 것인가, 스타벅스처럼 운영할 것인가 선택해야 한다.

다이소는 저렴한 종합쇼핑을 추구하면서, 시즌별로 새로운 아이템을 추가한다. 스타벅스는 커피 외길 인생이다. 메인은 커피이고, 그것에서 파생되는 굿즈를 팔고 있다. 즉, 블로그라는 상가를 어떻게 운영할지에 대한 전략과 관련된 내용이고, 이것은 필자가 정해줄 수 없는 문제이다.

블로그는 본인이 콘텐츠를 만들어야 하기에 본인 성향이 가장 중요하다. 취미를 생각해 보면 좋다. 가령 당신의 취미가 사진 찍기이다. 풍경, 인물, 건물, 자동차, 동물 등 대상을 가리지 않고 다양하게 찍는 것을 좋아한다면, 넓은 범위의 주제를 가지고 블로그를 운영하면 된다. 〈카메라 한 대로 풍경, 인물, 제품 사진 잘 찍는 방법〉이란 전략으로 출발하고 타입별로 사진을 잘 찍을 수 있는 법을 시리즈물로 작성해보면 되지 않는가?

❶ 인물 사진 잘 찍는 법.
❷ 동물이 움직일 때 안 흔들리게 찍는 법.
❸ 풍경을 찍을 때 폼나는 배경 화면처럼 찍는 법.
❹ SNS에 올리기 좋은 사진 촬영 구도.

등등 다양한 이야기가 나올 수 있고, 이런 블로그 주제로 글을 꾸준히 쌓아가다 보면 당신의 브랜드 이미지는 "초보자가 다양한 사진을 잘 찍을 수 있도록 도와주는 블로거"로 자리를 잡게 될 것이다. 이것을 다이소형 전략이라고 하자.

반대로 당신의 취미가 사진 찍기인데, 음식 사진만 전문적으로 찍는다고 하자.

❶ 고기 육질을 잘 표현하는 사진 촬영법.
❷ 음식 사진 항공 샷으로 찍을 때 그림자 안 생기게 하는 법.
❸ 디저트 사진 잘 찍는 법.
❹ XXX 맛집 사진.
❺ XXX 여행 갔을 때 음식 사진 잘 찍는 법.

이런 식으로 주제를 잡았다면, 당신은 '음식 사진 전문가'로 자리를 잡게 될 것이다. 이후에는 스마트스토어 음식 촬영 의뢰를 받게 되거나, 푸드스타일리스트와 협업을 하거나, 음식 사진 잘 찍는 법으로 출판을 하거나 강의를 할 수도 있을 것이다. 이것을 스타벅스 전략이라고 하자.

여러분은 어떤 전략을 사용해서 블로그를 운영할 것인가? 정답은 없다. 본인과 잘 어울리는지 아닌지만 있을 뿐이다. 이런 블로그 주제는 결국 성향 차이이다.

여기에서 효과가 궁금한 사람들도 있을 것이다. 조회 수는 잘 나오는지, 매출에 도움이 되는지, 정말로 돈이 벌리는 세팅으로 만들 수 있는지 그런 불안감을 해소하기 위해서, 한가지 사례를 보여주도록 하겠다. 운동이라는 분야에서 스타벅스 전략을 노린 필자의 블로그 통계이다.

운동 관련 사업에 종사하는 분들은 이번 파트에 주목하면 좋겠다. 특히 어떤 식으로 블로그를 운영해서 홍보해야 하는지 막막하고, 경쟁 헬스장이 더 잘되고 있다면, 눈을 부릅뜨고 읽어보라.

필자는 2019년 5월부터 운동을 조금씩 시작했고, 일기 형태로 블로그에 기록했다. 이 당시의 운동 관련 포스팅 조회 수는 300~3,000회까지 나왔다.

글 제목	조회수	작성일
가슴운동 루틴, 덤벨 프레스, 체스트 프레스, 딥스 (10)	1,587	2019. 6. 18.
PT일기 1달간 운동 결과 중간점검 - 인바디 결과 , 운동주기, 운동사이클, 다이어트 식단 첨부, PT 장단점 첨부 (12)	3,492	2019. 6. 11.
운동 일기, 전완근 단련, 암힐, 다이어트에는 유산소 병행	819	2019. 6. 5.
헬스 PT일기, 체형교정 마사지, 케이블 로우, 백익스텐션	374	2019. 6. 2.
운동일기, 라운드숄더 재활 치료, 자세교정, 등 운동 랫풀다운	484	2019. 5. 30.
운동 일기, PT는 누구에게? 헬스 OT 때 기준을 잡자.	1,320	2019. 5. 28.

보면 알겠지만, 제목을 최대한 다르게 적으려고 노력했고, 운동 부위나 운동 방법을 적는 것으로 출발을 했다. 상업적인 광고, 홍보의 느낌보다는 일반인이 운동을 좋아해서 올리는 느낌으로 출발했다고 보면 좋을 것 같다.

여러분들도 이것을 명심해야 한다. 처음부터 대놓고 광고를 하려고 하고, 본인의 상품을 홍보하려고 블로그를 운영한다면 고객이 관심을 갖기도 전에 광고에 대한 거부감을 느끼고 방문조차 안 할 것이다.

이후에는 조금씩 운동과 관련된 상업적인 키워드 분야도 다루었다. [필라테스, 헬스장, 다이어트보조제, PT수업] 등 매출과 연관될 법한 키워드도 조회 수가 잘 나오는지 보고 싶었는데, 성공을 했다.

헬스초보일 때 헬스장 선택방법 : 조회수 4,642회 (빨간색 테두리)

운동 관련 글을 쓰고 1개월 만에 처음으로 조회 수가 4천이 넘는 콘텐츠가 생겼다. 그 외의 콘텐츠 조회 수는 100~3,000 사이였지만 그것만으로 충분했다. 일반적인 운동 이야기를 쓰다가 상업적으로 넘어가도 조회 수가 올라갔다. 여기서부터 사장님들이 원하는 홍보 효과를 누릴 수 있는 구간이 만들어진 셈이다.

공통 필라테스 · ▦▦▦▦▦▦▦▦▦▦ (13)	2,277	2020. 1. 17.
▦▦▦▦▦▦▦▦▦▦▦▦▦	▦▦▦	▦▦▦▦
▦▦▦▦▦▦▦▦▦▦▦▦▦	▦▦	▦▦▦▦
▦▦▦▦▦▦▦▦▦▦▦▦	▦▦▦	▦▦▦▦
▦▦▦▦▦▦▦▦▦▦▦▦▦	▦▦▦	▦▦▦▦
▦▦▦▦▦▦▦▦▦▦▦▦	▦▦▦	▦▦▦▦
▦▦▦▦▦▦▦▦▦▦▦▦	▦▦▦	▦▦▦▦
▦▦▦▦▦▦▦▦▦▦▦▦	▦▦▦	▦▦▦▦
▦▦▦▦▦▦▦▦▦▦▦▦	▦▦▦	▦▦▦▦
▦▦▦▦▦▦▦▦▦▦	▦▦▦	▦▦▦▦
▦▦▦▦▦▦▦▦▦▦▦▦	▦▦▦	▦▦▦▦
▦▦▦▦▦▦▦▦▦▦▦▦▦	▦▦▦	▦▦▦▦
▦▦▦▦▦▦▦▦▦▦▦▦	▦▦▦	▦▦▦▦
▦▦▦▦▦▦▦▦▦▦	▦▦▦	▦▦▦▦
헬스초보일 때 헬스장 선택 방법 ▦▦▦▦▦▦▦▦ (6)	4,642	2019. 6. 24.

주목할만한 부분은 6개월이 지난 2020년부터다.

남자 필라테스 · ▦▦▦▦▦▦▦▦▦▦▦▦▦▦ (14)	16,753	2020. 4. 17.
남자 다이어트 식단 1개월 만에 체지방 '만' 4kg 감량, With 홈셀라이프 (8)	4,289	2020. 4. 10.
피자몰에서 치팅데이!! 오늘은 에라 모르겠다 먹고죽자데이 (10)	281	2020. 3. 7.
서브웨이 샌드위치 말고 샐러드도 있네요? (바디프로필은 어렵네요..) (8)	1,054	2020. 3. 5.
다이어트 식단, 일단 쉬운 것부터. (6)	659	2020. 3. 4.
남자체지방을 실화? 인바디 보고, 바로 식단조절 시작. (목표는 바디프로필!) (11)	4,266	2020. 3. 3.
남자 필라테스 은근 힘드네 .. (스프링보드 이용) (4)	3,954	2020. 2. 1.

필자는 그 당시 '남자필라테스'라는 키워드가 조회 수가 높다고 확인했었고, 그것을 노리기 위해 3차례 시도를 했다. (노란색 테두리)

2020년 1월 : 조회 수 2,227 (일반 필라테스 키워드)
2020년 2월 : 조회 수 3,954 (남자필라테스 키워드) ➜ **173% 증가**
2020년 4월 : 조회 수 16,753 (남자필라테스 키워드) ➜ **423% 증가**

조회수를 보면 알겠지만, 1월 포스팅 대비 2월 포스팅은 173% 조회수가 증가했고, 2월 포스팅 대비 4월 포스팅은 423% 조회수가 증가했다.

결국, 운동이라는 분야에서도 지역명+헬스장, 요가, 필라테스만 노리지 않고 특정한 틈새시장과 관련된 컨텐츠를 장기간 6개월이상 누적을 시키면 상위노출이 된다.

그 분야에서 상위노출이 되고, 해당 콘텐츠를 고객들에게 '인지' 시킬 수 있다는 것, 이것이 핵심이다. 거의 1년 가까운 시간이 걸렸지만, 그 사이에 여러분들에게 고정 고객이 생길 수도 있고, 블로그를 통해서 좋은 협업 제안을 받을 수도 있다.

만약에 이 조회 수 중에서 1%만 신규고객으로 전환이 된다고 생각해보라. 심지어 운동 분야는 재구매율도 꾸준히 나오는 영역 아닌가!

해당 콘텐츠는 4월부터 시작해서 10월까지 6개월 동안 상위노출이 유지되었다. 단 하나의 콘텐츠였다. 콘텐츠의 생존 기간이 6개월이었고, 그 사이에 매월 수백, 수천 명이 콘텐츠를 보고 들어와서, 살지 말지 '고려'하고 심지어는 '구매'까지 했다. 이것을 올리는 데는 비용도 들지 않았으니 지하철역에서 전단지를 뿌리는 것보다 효과가 좋지 않을까?

광고비용이 제로인 채로 홍보 효과를 톡톡히 누릴 수 있다는 것을 알려주는 가장 좋은 사례이다. 필자의 노동력만 들어갔을 뿐, 사진도 직접 찍고, 콘텐츠도 직접 만들었다.

블로그라는 환경이 그렇다. 돈 한 푼 안들이고 본인만의 홍보, 마케팅 콘텐츠를 다른 어떤 플랫폼보다 쉽고 빠르게, 제작할 수 있고 효과도 볼 수 있다. 만약 이것을 돈으로 홍보를 한다면 얼마를 내야 할까?

네이버에는 키워드 광고라는 기능이 있다. 검색했을 때 상위에 노출이 되는 조건으로 비용을 지불하는 광고 상품이다. 최소 입찰금액은 70원부터 시작하고, 경쟁입찰 형식이라 입찰금이 높을수록 상위노출이 잘 된다. 이런 상품을 이용해서 16,000명에게 홍보를 해서 클릭을 하게 만들려면 얼마가 들까? 최저비용부터 계산해보자. 16,000명 * 70원 = 1,120,000원이다. 이 금액도 만만찮은 비싼 금액이다. 문제는 최저 입찰가로는 제대로 된 홍보 효과를 볼 수 없다는 것이다.

'필라테스, 남자필라테스, 필라테스 가격' 홍보가 효과를 보는 최저 비용은 얼마일까? 100원을 지불해도 남자필라테스는 홍보 효과가 0원이다.

300원을 지불하자, 그때부터 네이버에 상위노출이 된다.

여러분들이, 블로그를 사용하지 않고, 〈남자필라테스〉라는 단어로 홍보를 하려면 최소 300원을 지불해야 홍보 효과가 있다. 그것을 클릭당 비용으로 다시 계산해보자.

16,000명 * 300원 = 4,800,000원이다. 이 금액을 모두 지불하면서 광고를 하고 싶은 대표님은 한 명도 없을 것이다.

결국 이 통계에서 이야기하고 싶은 것은 하나이다. 전략을 잘 세워 장기간 콘텐츠를 쌓으면 성공할 수 있다. 돈은 필요 없다. 시간만 약간 투자하면 된다. 필자는 운동전문가가 아니라서 콘텐츠는 많지도 않고, 콘텐츠 발행 사이의 기간도 텀이 굉장히 길다. 1년 2개월에 걸쳐서 30개의 글이 있다. 전문적으로 풀어낼 이야기가 많다면 2~3개월 만에 쓸 수 있는 양 아닌가? 이후부터는 본인만의 뾰족한 주제를 하나 만들어 전문적으로 운영하면 된다.

사업을 할 때 필요한 블로그 키워드는 의외로 몇 가지 안 된다. 적으면 5개, 많아야 20개 내외이다. 물론 이것이 전부는 아니지만 여러분의 사업에 적용하기에는 충분하다.

필자는 취미가 다양해서 맛집 리뷰도 쓰고, 제품 리뷰도 쓰고, 마케팅이나 교육과 관련된 글도 쓴다. 다만, 맛집 리뷰·제품 리뷰는 다이소 전략으로, 마케팅·블로그 교육은 스타벅스 전략으로 쓰고 있다. 즉, 블로그 주제 분류로 취급하자면, 필자의 블로그는 잡블로그란 말이다. 그럼에도 사람들에게 많이 알려지고, 이를 통해서 꾸준한 수익이 나오고 있다. 잡블로그라고 무시할 필요는 없다. 필자의 본업인 강의 모객을 보더라도 위에서 이야기했지만, 한번 수강생을 모객하면 무료 강의라면 500명은 금방 모인다.

다양한 분야에, 다양한 콘텐츠를 쌓아두다 보니, 수많은 사람 중에서 블로그에 관심 있는 사람이 필자의 블로그에 놀러 오게 만들 수 있었다. 그 사이에 필자는 다양한 글쓰기 근육을 키울 수 있었기에 여기까지 성장할 수 있었다고 생각한다. 실제로 이런 효과적인 콘텐츠를 제작하기 위해서는 두 가지의 능력이 필요하다.

혹시 블로그 1일 1포스팅을 하고 피로감을 느끼지는 않는가? 한 달 동안 1일 1포스팅 챌린지를 하고, 블테기가 오거나 번아웃이 오진 않았는가? 어떤 부위를 운동하던 근육을 한계까지 사용한 후에는, 휴식을 취하며 충전해 줘야 한다. 근육 회복이 덜 된 상태에서 운동을 하면 오버트레이닝이 될 수도 있다. 만약에 트레이너가 옆에 붙어 있었다면, 쉬라고 뜯어말렸을 것이다.

하나, 아직 글쓰기에 대해선 무엇이 오버트레이닝이고, 어떤 것이 건강한 방법인지 이야기를 해주지 않는다. 글쓰기에 대한 전문 트레이너도 없고, 어떤 것이 올바른지 가이드 라인도 명확하지가 않다. 이참에 필자가 알려주겠다.

기획 근육은 여러분의 글을 매력적으로 표현해주는 방법을 생각하고, 가독성을 높이고, 전체적인 글의 흐름이 잘 어울리는지 체크하게 한다. 부위로 치면 대근육에 해당하는 부위, 글의 뼈대라고 생각하면 좋다. 기획 근육은 글을 어떻게 써야 할지 고민하며, 글 주제를 고르고, 순서를 만드는 데에 에너지를 사용한다.

표현 근육은 글의 흐름에 큰 영향을 미치지 않는다. 허나 이게 없으면 무언가 글이 허전하고 비어 보인다. 생생하지도 않고, 글이 매력적으로 느껴지지 않는다. 음식이라면 얼마나 맛있는지 맛깔나게 표현해야 하고, 여행을 왔다면 얼마나 멋있는지, 아름다운지 표현해야 하는데, 이때 사용하는 것이 표현 근육이다. 묘사, 비유, 오감 활용 등이 이것에 해당하며 본인이 보고 느낀 것을 글로 표현하는 데 에너지를 사용한다. 부위로 치면 소근육에 해당하는 것이 표현 근육이다.

대근육만 많이 키운다고 좋은 몸인가? 가슴, 등과 허벅지가 탄탄하다고 몸짱이라고 하지 않는다. 어깨, 팔뚝, 종아리, 복근 등 작은 크기의 근육들도 균형을 맞춰서 키워야 좋은 몸이라고 한다. 글도 마찬가지다.

기획 근육만 사용하면, 근육이 제대로 회복하지도 못한 채 지쳐서 금방 쓰러진다. 표현 근육만 사용하면, 자잘한 디테일을 보는 맛은 있지만, 큰 흐름이나 전체적인 밸런스는 깨져 보인다. 그 상태로 1일 1포스팅을 한다? 기획 근육과 표현 근육 모두 비명을 지르는 오버트레이닝 코스를 찍을 것이 명백하다.

운동은 휴식과 식단까지 모두 합쳐야 운동을 했다고 한다. 하고 싶은 말은, 하루 종일 글을 쓰는 행위는 중노동이라는 소리다.

잠시 글이 다른 곳으로 갔다. 그렇다면 어떤 블로그 주제를 선택해야 하는가? 초보자라면, 특히 본인이 무엇을 잘하고 무엇을 좋아하는지 모르는 상태라면, 그냥 아무거나 써라. '초보자는 무분할 운동부터'라는 말도 있다. 각 근육의 부위를 제대로 활용할지도 모르고 힘을 끝까지 주는 법도 모르기에 어떤 근육이 어떻게 움직이는지 알아가는 과정이 필요하다.

글쓰기도 마찬가지다. 본인이 무슨 근육을 잘 쓰는지 모른다면 일단 글 쓰는 습관을 말들어야 한다. 그렇게 표현 근육과 기획 근육이 늘어나고 글 쓰는 소재가 다양해지다 보면, 하나 깨닫는 것이 있을 것이다.

○ 내가 좋아하는 것,
○ 내가 싫어하는 것,
○ 내가 관심이 있는 것,
○ 내가 관심이 없는 것.

모든 글감은 이 4가지로 분류된다. 이 중에서 관심이 있거나 좋아하는 것을 위주로 블로그에 적으면 된다. 물론 이렇게 질문하는 사람들도 있다. "그러다가 잡블로그 되는 것 아니냐?" 맞다.

드웨인 존슨도 태어났을 때부터 몸짱은 아니었을 것이다. 처음에는 실수도 하고, 부족한 부분도 알아가며, 서서히 본인의 강점을 찾아 좋은 몸을 만들었을 것이다. 블로그도 마찬가지다. 처음에는 누구나 잡블로그 시기를 경험한다.

유튜버들도 잡유튜버에서 출발한다. 상품 리뷰를 다루었다가, 게임했다가, 먹방했다가 본인이 잘 터지는 영상이 무엇인지 찾고 그제야 방향을 잡고 그 영상을 밀고 나간다.

블로그도 마찬가지라고 생각한다. 방문자가 높은 인플루언서도 한 가지 주제만으로 글을 풀어낸 사람은 아무도 없다. 심지어 한 가지 주제로만 리뷰를 쓰는 전문 파워블로거들조차도 과거에는 맛집 리뷰나 책 리뷰, 생각 정리 글들을 쓴 흔적이 남아 있다. 그들은 글을 지우지도 않는다. 왜냐? 어차피 검색해서 찾기도, 블로그 페이지를 넘겨서 찾기도 힘들어진 자료들이기 때문이다.

결국 처음에 어떤 블로그 주제를 잡고 시작하느냐는 중요하지 않다. 어떤 주제를 잡든지 오래 꾸준히 할 수 있는 주제를 선정하는 것, 그것이 블로그 시장에서 전략적으로 마케팅을 구사할 수 있는 유일한 방법이다.

04 .... 어떻게 상위 노출을 할 수 있을까?

블로그 상위 노출에 관한 이야기들은 정말 많다. 전문적으로 분석한 이론적인 내용에서부터 도시 괴담처럼 취급되는 찌라시 수준의 허위광고까지. 블로그를 하는 사람이라면, 혹은 블로그를 제대로 운영하고 싶은 사람이라면 무조건 이 '블로그 상위 노출'이라는 개념에 대해서 어딘가에서 한 번씩은 들어본 적이 있을 것이다.

키워드를 반복해야 한다, 사진을 몇 장 써야 한다, 영상을 첨부해야 한다,

본문에 태그를 넣어야 한다, 이웃을 늘려야 한다 등등 맞는 이야기도 있고, 틀린 이야기도 있지만 이것들을 하나하나 따지는 일은 필자에게도 여러분들에게도 피곤한 일이다. 그래도 궁금한 이들을 위해 살짝만 말하자면, 필자는 강의에서 〈블로그 상위 노출을 결정하는 요소〉가 최소 20가지라고 밝힌다.

자, 그럼 이제 기술 들어간다. 왕초보들이 접근할 수 있는 수준에서 알려주자면 진짜로 블로그 상위 노출을 잘하기 위해서는, 딱 하나에만 신경 쓰면 된다.

제목
'블로그는 제목이 8할이요, 나머지 모든 요소가 2할이다.'

이 말이 진리다. 블로그 상위 노출을 결정하는 요소 중에서는 사람들이 그 글을 읽는지, 안 읽는지가 가장 큰 비중을 차지한다. 네이버에서는 공식적으로 그것을 체크할 수 있는 기능을 넣어두었는데, 바로…. 체류 시간이다.

게시글 평균사용시간 사용자가 내 블로그에 방문하여 게시글 1개를 읽는데 사용한 평균 시간   단위:초

내 블로그 평균 190

0   156   164   1,735
           서비스 전체 평균 상위 그룹 평균

해당 지표를 보는 방법은 내 블로그에 일단 들어가서 통계 ➜ 블로그 평균 데이터 ➜ 비교지표에서 확인할 수 있다.

게시물 평균 사용 시간. 이것은 길면 길수록 좋다. 보통 3분 이상 조회를 한다면, 우수한 콘텐츠로 판단한다. 그것보다 우리는 좌측, 0초짜리 게시물을 봐야 한다.

여러분의 글에 접근을 안 하면 체류시간은 0초이다. 아무리 잘 썼다고 생각해도, 한 번도 클릭을 못 받고, 한 번도 안 읽힌다면 그 글이 좋다고 누가 알겠는가? 이것이 핵심이다. 여러분이 좋은 내용을 아무리 잘 쓰더라도, 아무도 보지 않는다면? 그 게시물은 헛고생한 게시물이 되어버린다.

제목을 다이어트 172일 차라고 지었다고 치자. 그 안에 다이어트의 핵심이 되는 내용이 들어 있다고 한들 일반인이 그 사실을 알 방법은 없다. 누가 다이어트 172일 차라는 글을 읽고 싶어 할까? 물론, 이 제목으로도 읽고 싶은 분들도 물론 있을 수 있지만… 보편적이고 대중적인 관점에서 바라보자. 만약 아래와 같이 제목을 지었다면 어떨까?

다이어트 성공 공식
: 평범한 직장인이 200일 만에 14kg 감량한 비결.

어떤가? 클릭하고 싶어지는가? 대체 이 사람이 어떻게 14kg이나 감량했는지, 어떻게 살을 뺐는지 궁금한가? 그럼 여러분들은 클릭할 것이고, 일단 클릭이라도 하게 만들었다면. 그때부터는 최소한 1초 이상 글을 본다. 그 글을 얼마나 잘 썼느냐에 따라 다르지만, 쭉쭉 올라가는 체류시간을 확인할 수 있을 것이다.

다이어트 운동 200일, 14kg 감량 성공. | 헬스/미용/건강   2020/10/06 10:53
숨은 1%까지 진심을 다해 알려드리는 헬자포터입니다. 저는 작년 12월에 회사하고, 3개월 동안 거의 먹는 것으로...

위 제목은 사실 필자의 실제 사례를 바탕으로 재구성해본 제목이다.

좌측은 72kg일 때의 몸, 우측은 58kg까지 감량했던 몸이다.

중요한 것은 이것이다.

조회 수.

해당 글은 무려 563명이 되는 분들이 이 글을 읽고, 74명이 공감을 해주고, 20명이 댓글을 달아주었다. 필자의 메인 업무가 운동이 아님을 감안하면, 굉장히 많은 분들이 봐주셨다고 생각한다. 이것도 만약 위처럼 제목을 지었다면 더 많은 분들이 읽지 않았을까 하는 아쉬움이 있다.

결론은 제목이다. 여러분이 1시간, 2시간 동안 글을 쓰며 어렵다고 생각하고, 글 소재를 고민한다는 사실을 필자 역시 잘 알고 있다. 그렇다면 제목은?

제목을 잘 짓기 위해서 얼마나 시간을 투자해서 고민하고 있는가?
제목을 잘 지은 사람들의 글을 얼마나 참고하고 있는가?
신문 기사의 헤드라인 제목을 얼마나 자주 읽어보고, 그것을 본인의 것으로 소화하고 있는가?

블로그 포스팅에 어떤 내용을 넣는지는 중요하지 않다. 오히려 이런 것들이 정말 중요하고 소중한 블로그 상위노출 공부법이다. 제목을 잘 짓는 것이 중요하니만큼 한 가지 사례를 더 알려주겠다. 상위노출이라기보다는, 제목의 중요성을 알려주는 사례이다. 물론 여기에는 필자의 책을 홍보하고 싶다는 사심도 한 스푼 들어가 있으니 귀엽게 봐주면 좋겠다.

"블로그 시작했다. 평생직업이 생겼다."
제목에 눈길이 가는가? 해당 책의 목차는 오른쪽과 같다.

1. 블로그 할지, 말지 고민이라면?

2. 8번째 회사를 관두게 되다.

3. 회사에서 몰래 블로그를 준비하다가 걸렸다.

4. 200일 만에 100만 명을 돌파한 상위 1% 블로거의 비밀

5. 상위 1% 상류사회, 상위 1% 블로그를 통해 맛보다.

6. 여기까지 부러웠다면? 지금부터 실전.

7. 왕초보가 블로그를 시작하는 가장 빠른 방법

8. 블로그 조회수를 폭발적으로 늘리는 3가지 방법.

9. 월 10만 원 넘게 버는 블로그 자동화 수익 3가지.

10. 블로그로 생활비 50만 원 줄이는 2가지 방법.

11. 블로그는 어떻게 평생직업이 될 수 있는가?

책의 제목과 소제목, 이 두 가지만 읽고 관심이 가는가? 한 번이라도 읽어보고 싶은가? 그런 생각이 조금이라도 들었다면, 필자는 이 책의 제목과 소제목을 정말 잘 지은 셈이다.

실제로 제목 덕분인지, 해당 책은 알라딘 서점에서 베스트셀러 E-비즈니스 주간 2위까지 오르기도 했다. 상위노출이라는 방식과 책 제목을 짓는 방식이 마케팅적으로 일치함을 보여주는 중요한 사례이다.

미국의 콘텐츠 마케팅 회사 Quick Sprout에 따르면 **10명 중 8명은 콘텐츠의 타이틀만 읽고, 2명만 콘텐츠의 내용도 함께 읽는다**고 한다. 그만큼, 제목은 그 무엇과도 바꿀 수 없을 정도로 중요하다. 블로그 상위노출도 블로그 마케팅의 중요한 요소이기에 이 절대적인 규칙에서 벗어나지 않는다.

다시 말하지만, 제목이 전부다.

글을 마무리하며, 초보자들에게 가장 중요한 마음가짐 하나를 알려주겠다. 스노우볼 효과 (Snowball effect)라는 말을 들어본 적이 있는가? 초기에는 작은 원금일지라도 이자에 이자가 붙어서 나중에는 큰 자산이 되는 현상을 눈덩이에 비유한 이야기다. 이 효과는 미국의 투자자 워런 버핏이 언급하며 사람들에게 널리 알려졌는데, 블로그 상위노출 개념도 마찬가지이다.

필자도 처음부터 블로그에 1,000명, 2,000명이 들어오지 않았다. 하루 아침에 200만 명을 넘은 것도 아니다. 처음에는 하루 100명만 들어와도 행복해서 웃었던 적이 있고, 1,000명에 다다랐을 때는 너무 감사해서 이벤트까지 열었다. 그런 작은 눈덩이들이 뭉치고 뭉쳐져서, 시간이 흐르면서 이렇게 큰 눈덩이를 만들 수 있었다고 생각한다.

여러분들도 이제부터 시작이다. 제목을 잘 지어 보고, 블로그를 마케팅 채널로 확장하여 필자와 함께 블로그로 평생직업을 만들 수 있기를 간절히 기도한다.

5단계
마케팅 리셋

Before
괜히 욕먹는 거 아니에요?
유명해지는 것이 무서워요.

After
제 제품은 떳떳합니다.
남들이 많이 알아주면 좋겠어요.

리셋 5단계
마케팅

마케팅이라는 단어를 떠올리면 좋은 생각보단 나쁜 생각이 먼저 든다. 허위광고, 과대광고, 뒷광고 등 마케팅을 부정적으로 바라볼 수 있지만, 오해하지 말아라. 마케팅은 좋은 친구이다. 여러분들의 제품에 결함이 없고, 구매했을 때 제대로 된 효과가 있고, 이것을 이용하면 도움이 된다면? 많은 사람들에게 알려야 하는 것이 정상 아닌가. 이를 도와주는 것이 마케팅이다.

마케팅의 본질은 자신이 가지고 있는 최상의 상품이 그것을 꼭 필요로 하는 사람들에게 알려질 수 있도록 하는 일이다. 대기업의 마케팅이나 마케팅에 부정적인 이슈가 되는 것들은 아래 두 가지 문제를 저질렀다.

① 단가/물량 문제로 원가보다 비싼 제품을 마케팅으로 팔았다.
② 제품의 부정적인 이슈를 감추고, 마케팅으로 현혹해 팔았다.

여러분들의 마케팅 마인드를 리셋해보자. 다시 말하지만 마케팅은 좋은 것이다. 꼭 필요한 상품을 꼭 필요한 사람에게 전달하기 위한 유일한 연결통로가 마케팅이다.

지금까지 열심히 만든 블로그 콘텐츠, 프로필, 키워드가 단순히 아무에게나 알리기 위해서, 돈 좀 벌기 위해서였는가? 여러분들이 사업을 시작하고, 회사를 차리고, 상품/서비스를 팔려고 했던 초심으로 되돌아가 보라.

단순히 돈만 벌고 싶어서 그 일을 선택하진 않았을 것으로 생각한다. 처음엔 누군가에게 이 일이 도움이 될 것 같아서 시작했을 것이다. 그 초심을 되새기면서, 다시 생각해보자. 여러분들의 제품은 누구에게 알렸을 때 가장 도움이 되고, 효과가 좋을까?

마지막으로 다시 한번 더 말하지만, 마케팅은 자신이 가진 가장 좋은 것을 가장 필요한 사람에게 올바르게 전달하는 일이다. 이 마인드를 바탕으로 마케팅 리셋에 대한 이야기를 해보겠다.

01 .... 온라인에서 살아남고 싶다고요? 관심을 만드세요.

"일단 유명해져라, 사람들은 당신이 똥을 싸도 박수쳐줄 것이다."
Be famous, and they will give you tremendous applause when you are
actually pooping.   – Fake Andy Warhol Quotes.

어디선가 들어본 유명한 명언이다. 수많은 사람이 이 인용문을 앤디 워홀의 명언이라고 알고 있지만, 사실 앤디 워홀은 이런 이야기를 한 적이 없다. 한국의 누리꾼이 해당 문장을 만들어내고 그럴듯하다 보니 사람들이 믿게 되었을 뿐이다.

핵심은 이것이다.
사람들의 관심을 끌게 만드는 것.

이쯤에서 앤디 워홀의 진짜 인용문을 빌려, 오늘 알려줄 마케팅 퍼널 전략, '관심(Interesting)'에 대해서 이야기해보려 한다.

문화예술계 거장이 인정했다. 돈 버는 것, 일하는 것, 사업은 모두 예술의

돈을 버는 것은 예술이고,	Making money is art
일하는 것도 예술이며,	and working is art
훌륭한 사업이야말로	and good business
가장 뛰어난 예술이다.	is the best art.

- Andy Warhol

영역에서 바라봐야 한다. 무슨 말인지 잘 모르겠다면, 지금 당장 TV나 유튜브를 틀어, 바로 나오는 광고 세 편만 끝까지 보고 오길 바란다.

자동차 광고는 대자연이나 도시의 아름다운 야경을 품고 질주하는 모습을 화면에서 보여주고, 스마트폰 광고는 한 편의 영화를 보는 듯하다. 애플의 광고 중에 'SNOWBRAWL(눈싸움)'이라는 광고가 있다. 해당 광고를 보면 아이들이 눈싸움하는데, 그 영상미가 비장함을 넘어서 웅장하기까지 하다.

실제로 해당 광고 영상의 촬영기기는 아이폰이었지만 광고의 연출과 기획 총괄을 맡은 이는 데이비드 리치 감독으로 밝혀졌다. 존윅, 데드풀2, 분노의 질주: 홉스&쇼 찍은 스턴트맨 출신 감독이다. 이렇게 유명 감독까지 캐스팅해서 광고를 하기 위해 열을 올리고, 수많은 비용을 투자하는 이유가 무엇이라고 생각하는가?

목적은 한 가지다.

"사람들에게 마케팅을 하기 위해서"

마케팅 영역에서, 사람들의 관심을 차지하는 게 중요하다는 것을 모르는 이는 아무도 없다. 그렇기에 카피라이팅 문구 하나라도 더 잘 쓰려고 고치고, 더 멋진 영상과 모델을 이용한다. 어떻게 해서든 자신들의 상품과 서비스에 관심을 갖게 만들기 위해 지금 이 시간에도 보이지 않는 전쟁을 하고 있다.

이런 마케팅 세계에서 일반인, 그러니까 평범하게 직장이나 학교에 다녔던 보통 사람들은 어떻게 사람들의 관심을 끌 수 있을까?

바로 블로그에서부터 시작하면 된다. 모든 SNS 중에서 여러분의 상품, 서비스, 여러분이라는 브랜드를 얼굴을 드러내지 않고, 스마트폰으로 가볍게 바로 시작할 수 있는 것은 블로그가 유일하다.

인스타그램은 빨리 업로드 할 수 있지만, 전달하려는 메시지가 한정되어 있고 유튜브는 기획, 촬영, 편집, 업로드까지의 시간이 5분짜리 영상을 올리는데도 1시간 넘게 걸리는 경우가 대부분이다. 그에 반해, 블로그는 사진과 텍스트를 적절히 활용하면서 충분히 시간을 들여 여러분이 하고 싶은 이야기를 쓸 수 있고, 그 스토리들이 자연스럽게 마케팅에 녹아든다.

이미 수많은 유튜버와 블로거들의 입방아에 오르내리고, 우려먹을 대로 우려먹어서, 밍밍한 맹물 맛이 날 것 같은 이슈. '신사임당 님은 어떻게 평범한 방송국 PD에서 100만 유튜버로 성공을 했을까?'에 대한 내용을 마케팅 관점에서 유튜브 채널에 공개된 내용만으로 한번 이야기를 해보려 한다.

사람들이 가장 관심을 많이 갖는 것이 무엇일까? 바로 돈이다. 모든 초점은 사람의 관심에서 시작한다. 마케팅도 결국 돈에 관한 관심에서부터 출발한다.

누구나 쉽게, 적은 시간을 투자해서, 고수익을 낼 수 있다면?

지금까지 이런 이야기를 하는 사람은 모두 사기꾼 취급을 받았다. 물론 지금도 신사임당이 사기꾼이라고 욕을 하는 사람들이 많지만 이분은 실제로 그 사례를 A에서 Z까지, 본인의 친구를 예시로 들어 성공모델을 만들었다.

어떻게 성공할 수 있었을까? 성공 원인 첫 번째는, 공감할 수 있는 주인공 캐릭터에 있다. 드라마에 나오는 화려하고 잘생기고 멋진 매력을 말하는 것이 아니다. 평범한 사람들도 공감할 수 있는 일반인을 모델로 썼다.

35살, 자본금 0원 백수에서 월 순수익 1,000만 원을 버는 사장님으로.

이건 이제 너무 유명해져서 사골 거리로도 쓰지 못할 사례이지만, 당시만 해도 정말 획기적이고 놀라운 콘텐츠였다. 얼마나 고맙고 좋은 콘텐츠인가? 0원에서 천만 원까지 버는 방법을 무료로 공개한 사람은 지금까지 한 명도 없었다. 그리고 이것이 마케팅 방법이라는 것을 알아차린 사람도 이 당시에는 거의 없었다.

창업다마고치 콘텐츠는, 대한민국 평균 또는 평균 이하의 사람을 주인공으로 캐스팅했다.

35살, 자본금 0원, 백수

지금 취업을 못 한 모든 취준생과 사회생활을 하면서 힘겹게 살아가고 있는 모든 사람이 마케팅의 대상이 되는 순간이었다. 여기에 부업에 관심이 있는 주부분들까지. 돈에 관심이 있는 모든 이들에게 매력적인 캐릭터였다. '이 대상과 비슷해지고 싶다', '따라 하고 싶다'라는 마음이 사람들에게 스며들었다.

　마케팅에서 가장 중요한 핵심은 동질화이다. 동질화란, 특정한 대상과 같은 성질이 되어가는 것을 의미한다. 화장품 광고에서 미모의 여배우는 '나도 아름다워지고 싶다'라는 마음을 노린다. 여행 광고가 편안한 휴양지를 보여주는 이유는 '나도 편하게 쉬고 싶다'라는 마음을 사로잡기 위해서다. 그런 의미에서 돈을 벌고 싶다는 동질감을 노린 콘텐츠가 나왔다? 취업률도 형편없고, 사업도 망하는 시기에 적절한 마케팅이었다고 생각한다.

　두 번째로는 순차적인 교육성 콘텐츠다.
　우리는 이미 초등, 중등, 고등 교육을 거치면서 단계별로 난도가 올라가는 학습 시스템에 익숙해져 있다. 수업을 하고, 과제를 하고, 그것이 끝나면 조금 더 난이도가 높아진 그다음 과제를 풀어내는 과정 말이다. 창업다마고치 콘텐츠는 이런 시스템이 익숙한 성인들이 학습하기 편하고, 익숙한, 성과가 눈에 보이는 콘텐츠다. 한마디로 요약하면 관심을 갖고 자주 볼 수밖에 없는 영상 교재인 셈이다.

　그리고 마지막으론 유명한 사람의 생생한 인터뷰가 있다.
　필자는 이것이 성공의 가장 큰 핵심이라고 생각한다. 위 창업다마고치 콘텐츠는 구독층 즉, 관심의 대상이 명확한 모델이다. 돈이 없는, 돈을 벌고 싶은, 직장인이 아닌, 시간이 많은 등등 몇 가지 제약사항이 존재한다. 그 순간 갑자기 창업 콘텐츠라는 모델을 탈피하고, 성공한 인물들에 대한 인터뷰 형태로 전환이 되었다. 이 부분이 사람들의 관심을 크게 끌었다고 생각한다.

영화 트루먼쇼를 아는가? 인간의 보편적인 본능, 관음에 대해서 다룬 영화이며, 사람들이 얼마나 다른 사람의 삶에 대해 궁금해하는지를 적나라하게 보여준 영화이다.

사람들은 항상 내가 아닌 다른 사람이 어떻게 사는지, 어떻게 행동하는지, 어떻게 성공하는지에 대해서 무한한 궁금증을 갖고 있다. 실제로 방송들 역시, 콩트나, 무대극에서 벗어나 관찰 예능이라는 새로운 버라이어티쇼를 만들어냈다.

〈나 혼자 산다〉가 이미 시청률 9~10%를 차지할 정도로 유명한 예능프로가 된 것처럼, 신사임당 님은 성공한 사람들을 찾아내고 그 성공 신화 이면에는 어떤 것들이 있는지 분석하고 소개하여 필터링 없는 솔직한 방송을 만들어냈다.

자, 여기까지 끝까지 읽은 사람들이라면, 확실히 말해주겠다. 위에서 모든 힌트를 주었다. 앞선 내용에 어떻게 보통 사람인 여러분들이 사람들의 관심을 끌 수 있는지에 대한 전략들이 모두 녹아있다.

평범하게 시작해서, 교육을 해주고, 그다음 자신만의 색을 입힌 콘텐츠로 발전시키는 것.

이 공식과 같은 성공사례는 여전히 사람들에게 매력적이다. 시대가 바뀌어도 변하지 않는 관심의 본질이자 핵심이다.

평범한 시작에서	대중과 친근감 형성
특정한 한 분야에 대해 학습을 돕고	20년간 누적된 계단식 학습본능
그 이후에 자신만의 목소리를 내는 것.	캐릭터 · 아이덴티티

이 세 가지를 어떻게 갈고 닦을지는 본인의 몫이다. 중요한 포인트는 사람들은 여러분이 무슨 사업을 하는지, 무엇을 파는지 관심은 없지만, 그것을 파는 사람이 어떤 사람인지(정확히는 믿을 수 있는 사람인지)에 대해서는 정말 많이 궁금해한다는 것이다.

영어 교육을 하건, 부동산을 하건 그것은 더이상 중요하지 않다. 어딜 가나 영어 교육이나 부동산을 파는 사람들이 넘쳐나고 있고, 심지어는 만족할 만한 서비스가 아님에도 불구하고 그것을 판매하는 비양심적인 사람들이 더 늘어났다.

사람들은 영어나 부동산에 관한 관심은 여전하지만, 다른 한편으로는 이런 불안한 마음이 자리 잡고 있다. 어떻게 해야 속지 않고, 제대로 된 물건·서비스를 받을 수 있을까? 그 관점에 주목해야 한다. 여러분이 정직하게 행동하고, 그것을 온라인 SNS 채널에 기록을 해둔다면 그것만 보고도 여러분을 믿고 서비스를 이용하는 사람이 생길 것이다.

　초보자분들이 알아야 하는 가장 기초적인 형태의 마케팅 전략은 딱 한 가지다. 다양한 이론들이 있지만, 이 이론이 접근하기 가장 쉽고 편하다.

마케팅 퍼널 (Marketing Funnel) 모델[1]

　상품을 **인지**(Awareness) 시키는 것부터, **구매**(Purchase) 단계까지 사람들이 이탈하지 않게 잘 끌고 오는 단계를 어떻게 구성하면 좋은지에 대한 방법이다.

---

1) 　Freepik – Marketing Funnel

인지(Awareness)

⬇

관심(Interest)

⬇

고려(Consideration)

⬇

의향 (Intent)

⬇

평가(Evaluation)

⬇

구매(Purchase)

구체적으로는 6단계이지만, 가장 중요하게 생각해야 하는 3가지는 인지 ➜ 고려 ➜ 구매이다.

몇몇 사람들은 이 전략 모두를 한꺼번에 다 알려달라고 한다. 시간이 없으니 6개의 단계를 2시간 안에 압축해서 알려달라고 하는 사람도 있다. 물론, 필자는 고객의 요청을 받으면 최선을 다한다. 숨은 1%까지 아낌없이 다 알려드리고, 교육하는 순간에는 감사하다고, 잘 배웠다는 말을 듣는다. 하지만 잘 생각해보자. 마케팅이 이렇게 쉬운 영역이었다면 모두가 성공하고 부자가 돼야 했는데 왜 그러지 못하는 것일까? 그것은 바로 마케팅이 2시간 안에 알려줄 정도로 단순하지도, 쉽지도 않기 때문이다. 여기에는 사람 심리와 밀접한 연관이 있다.

한 번 생각을 해보자, 우리가 치킨을 먹고 싶다고 생각할 때, 바로 아무 치킨집에 전화해서 아무 치킨이나 달라고 하는가? 그러는 사람은 없다. 본인이 좋아하는 브랜드가 있을 수도 있고 마침 할인 쿠폰이나 전단지를 보고 마음에 동해서 주문할 수도 있다. 이 과정을 체계적으로 분리해서 확인해보자.

처음에는 치킨이 먹고 싶다고 **(인지)**를 한다. 유튜브 광고, 길거리의 치킨 냄새, TV 광고, 전단지들이 여러분의 마음을 움직인다. 그다음에 **(관심)** 있는 치킨 브랜드를 찾아본다. 동네 치킨부터 프랜차이즈까지 어떤 치킨을 사야 할지 **(고려)**한다. 여기까지 왔다면 사람들의 리뷰**(의향)**를 살펴보면서 내게 적합한 치킨인지 아닌지 **(평가)**한다. 그리고 그 모든 단계가 끝나면 스마트폰, 애플리케이션이나 전화로 치킨을 **(구매)**한다.

위에서 필자가 괄호로 강조한 포인트에는 모두 마케팅 전략이 펼쳐져 있다. 우리가 자주 먹는 치킨을 고르는데도 이런 과정을 걸쳐서 결정을 내리는데 하물며 여러분이 파는 제품은 어떠한가? 이런 과정에 다 녹아있는가?

인지 단계에서는 TV PPL(Product PLacement), 광고, 유튜브 채널의 먹방 등을 통해서 치킨을 먹고 싶다는 마음이 들게 유도한다. 각종 치킨 회사들은 소비자가 자사에 관심을 갖게 하도록 화려한 광고와 전단지로 유혹한다. 그사이에 자기 회사 제품 구매를 고려하게 만들기 위해 할인 쿠폰이나 혜택들을 심어두고, 사람들의 구매 의향을 자사 점포로 유도하기 위해서 후기를 잘 써준 사람들에게 서비스를 준다거나, 추첨을 통해서 치킨을 한 마리더 준다는 식으로 마케팅을 한다.

자, 그러면 다시 질문해보자. 이 모든 단계를 2시간 만에 교육할 수 있을까? 이와 관련된 마케팅 전략이 적용된 글·영상·이미지를 단시간에 만들 수 있을까? 결론부터 말하자면 불가능하다. 그렇기에 교육이 필요하고, 교육을 받았더라도 숙달하는 데 시간이 걸린다.

명심하자. 앞에서 소개한 수십억을 버는 데 성공한 유튜버 세 명의 사례들을 보더라도, 자신만의 마케팅 전략과 세일즈 기법을 갈고 닦는데 아무리 적어도 1년의 세월이 필요했다. 여러분들이 정말 진지하게 돈을 벌고 싶다는 마음이 있다면, 하루 이틀 만에, 한 달 만에 결과가 나오길 바라지 마라.

블로그로 마케팅을 하겠다고 마음을 먹었다면 다른 곳에 한눈팔지 말고, 블로그만 꾸준히 해라. 블로그가 아닌 다른 분야를 골랐어도 마찬가지다. 꾸준히 해라. 딱 1년만 꾸준히 해도 여러분의 매출에 정말 큰 영향을 미칠 것이라 생각한다.

04 .... 언제 블로그 이웃을 늘려야 할까?

블로그 마케팅에서는 빠지지 않는 내용이다. 심지어는 필자가 블로그 관련 마케팅 교육을 하며, 가장 많이 받는 질문 중 하나이기도 하다.

"블로그 이웃 늘리기, 언제 해야 할까요?"

대다수분들이 이에 대해 착각을 하거나 잘못 알고 있는 부분이 있다. 이번 기회에 확실하게 알고 가면 좋겠다. 이웃 추가는, 마케팅 대상을 이웃으로 늘리겠다는 말이다. 단순하게 조회 수를 올릴 목적이라면 이웃 추가는 할 필요가 없다.

본인의 블로그에 이웃 신청을 해야 하는지, 안 해야 하는지 판단할 수 있는 기준은 총 3가지가 있다. 바로 **본인 소개 / 상품, 서비스 / 콘텐츠**다. 이 세 가지가 없다면 여러분들은 블로그 이웃 늘리기를 할 이유도, 필요도 없다. 그 이유에 대해서 하나하나 짚고 넘어가 보려 한다.

블로그 이웃은 왜 있는가?

네이버에서 만든 이웃 기능… 어디에 쓰는 기능인가 하니, 자신과 친한 블로그를 추가해 두고, 그 블로거가 활동하고 있는지, 새로운 글을 쓰고 있는지, 서로이웃인 사람들만 볼 수 있는 특별한 콘텐츠가 있는지, (유튜브로 따지면 구독이 아니라, 팬으로 가입해야 볼 수 있는 콘텐츠) 등을 알아보고 이용하기 위해서 만든 기능이라고 생각한다.

이 관점을 거꾸로 생각해 보자, 여러분들이 비즈니스를 하고, 마케팅을 하려 하는데, 카페도 없고, 유튜브도 없고, 블로그도 작고, 오픈채팅방도 없다면? 무엇부터 해야 하는가? 이것을 생각해 보면 이웃 관리가 왜 필요한지 저절로 알 수 있다.

그렇다. 블로그 이웃 관리는 초기 고객을 모집하고, 충성고객과 자신만의 팬을 구축하는 데 정말 중요한 역할을 한다. 아무도 없는 블로그에 자신과 관련도 없는 이웃을 아무나 추가하는 것이 의미가 있는가? 그 사람들을 이웃으로 추가한다고 해서 내 블로그에 와주기나 할까? 이런 방식으로 하는 이웃 추가는 길거리에 나가서 전단지를 돌리는 것과 다를 바가 없다. 필자의 생각에는 그런 식으로 이웃 추가를 해서 천 명의 이웃을 만든다 한들, 열 명도 오지 않을 것으로 생각한다. 그럼 제대로 이웃을 추가하려면 어떠한 사전 준비가 필요할까.

❶ 본인을 제대로 소개할 수 있는 소개 글이 있는가?

이것이 1단계이다. 블로그 이웃을 늘리기 전에, 내가 무엇을 하는 사람인지, 어떤 것들을 해온 사람인지에 대한 인식이 없다면? 그 사람이 내 블로그에 오더라도 그냥 쓱 둘러보다가 나갈 가능성이 크다.

온라인에서는 제일 먼저 여러분을 매력적으로 소개해야 한다. 그 소개는 달콤한 사탕 같아도 좋고, 몸에 좋지만 입에는 쓴 건강식품 같은 이미지도 좋다. 필자를 예로 들면, "저는 블로그와 마케팅, 글쓰기에 대해서 숨은 1%까지 진심을 다해 알려드리는 사람입니다."라고 하면서 내가 왜 이런 교육을 하게 되었는지, 이 교육을 하기에 적합한 능력이 있는지를 먼저 보여준다.

단순히 돈을 잘 벌게 해준다거나 쉽게 돈을 벌 수 있다는 이야기는 하지 않는다. 하더라도 적은 수준의 용돈이라고 말을 하는 경우는 있지만, 이 교육을 받으면 직장인 만큼 혹은, 그 이상 번다는 얘기는 하지 않는다.

오히려 이런 말은 먼저 의심을 해봐야 한다. 단순한 교육을 받았다고 100% 직장인 만큼 돈을 벌 수 있다? 그런데 그 교육비가 10만 원 미만이다? 만약 100%로 돈을 벌 기회가 여러분에게 주어진다면, 그 방법이 쉽고, 간단하다면 여러분이라면 남들에게 헐값에 넘기겠는가? 그것도 본인의 사업노하우에 가까운 것을? 본인이나 본인의 지인이 먼저 독점을 하려 하지, 왜 생판 모르는 여러분들에게 그 방법을 알려주겠는가? 분명 그 사람이 이야기해주지 않은 숨은 비밀이 있을 것이다.

그렇기에 블로그에는 필자가 블로그 강사가 되기 전에 어떤 과정들을 거쳐 여기까지 오게 되었는지에 대한 휴먼스토리 형태의 글이 있다. 고등학생 때는 왕따였고, 대학생 때는 아웃사이더였지만, 그때마다 책을 읽고 좀 더 나은 삶을 살고 싶어서 이런저런 방황을 하다가 블로그 강사가 되었다는 내용이다. (궁금하다면 네이버에 헤자포터를 검색해서 소개 글을 읽어보면 된다.)

다른 글은 내가 블로그를 통해서 어떤 성과들을 만들어 냈는지에 관한 이야기이다. 처음에 어떻게 시작했는지, 작은 블로그 모임에서 소수의 개별교육, 500명 앞에서 강의를 두 차례 한 경험과 그 경험을 바탕으로 소상공인 협회 등 기업 강의를 나가게 된 이야기까지. 이런 글만 쌓이다 보니, 헤자포터라는 사람이 왜 정직하게 교육을 하려고 하는지 명확하게 전달할 수 있고, 그 교육에 대한 믿음을 줄 수 있었다.

달콤하게 수익을 인증하면서 '여러분도 쉽게 돈을 벌 수 있다'라는 말로 유혹하지 않고, 필자가 어떤 사람이고 어떤 가치관을 가지고 있으며, 어떤 일을 하고 있는지를 모두 적나라하게 보여준다. 누구에게나 추천하는 방법은 아니지만, 이 방법보다 좋은 마케팅이 있을까 싶다.

사람을 상대하면서 정직, 신뢰, 믿음보다 중요한 가치는 없다. 일단 나를 믿도록 만들어야 그 이후에 관계가 형성되지 않겠는가. 오히려 이런 점을 좋아해 주기에 팬분들과 수강생분들이 늘어나는 것이 아닐까 하는 생각을 하기도 한다.

❷ 본인이 팔고자 하는 상품 • 서비스가 있는가?

여기서 전략적인 마케팅을 구사해야 한다. 블로그를 통해 모객을 해서 상품·서비스를 구매하게 만들지, 아니면 블로그는 하나의 통로로 사용하고 웹사이트·홈페이지·스마트스토어·단톡방·카페·유튜브로 소비자들을 유입시켜 그곳에서 마케팅 및 영업 전략을 펼칠지는 여러분들의 마음이다.

필자는 블로그에 교육과 관련된 내용만 쓰고, 하단에 단톡방 링크를 걸어두면서, 그곳에서만 유료 강의 및 교육과 관련된 내용을 알려주고 있다고 한다. 매일매일 마케팅 뉴스를 올려주고, 글쓰기나 마케팅과 관련된 영상, 글, 칼럼, 교육자료를 무상으로 제공하면서, 강의 비용도 저렴하거나, 무료로 들을 수 있게 해주고 있다.

양질의 교육과 교육자료를 전달하고 저렴한 강의를 박리다매로 할지, 자신의 수익화를 인증하고 성공사례를 화려하게 선보이면서 고급화 강의로 갈지, 꼼꼼하게 잘 체크해주는 똑순이·똑돌이 캐릭터로 사람들을 진심으로 잘 챙겨주는 교육을 할지는 본인의 선택이다.

❸ 본인이 팔고자 하는 상품·서비스에 대한 설명하는 콘텐츠가 10개 이상 있는가?

가장 중요한 부분이다. 위의 두 가지 글이 있다고 해서, 사람들이 믿고 구매할까?

글 수백 개를 꼼꼼하게 적어두고 진심을 다하여 글을 쓰는 사람.
글은 몇 개 없이 본인이 성공했다고 나만 믿고 따라오라고 하는 사람.

여러분이 생각했을 때 둘 중에 어떤 사람에게 더 믿음이 가는가? 이런 믿음을 형성하기 위해서라도, 양적인 측면에서 최소한 글이 10개 (필자는 30개 정도를 추천한다)는 있어야 상대방이 믿음을 갖지 않겠는가? 그런데 마케팅 퍼널 관점에서 글 10개만으로 여러분이 확실하게 여러분을 인지시키고, 상품에 관심을 갖게 만들고, 그 상품을 구매하도록 만들 수 있을까?

절대 아니다. 특히 요즘처럼 투명하게 정보가 공개되는 세상에서는 조작이나 허위사실 같은 것들은 금방 까발려진다. 그런 거짓 정보에 속아선 안 된다. 실제로 수익을 인증하는 이들 중에도, 딱 한 번 성공한 케이스를 과대포장하여 자신만 따라오면 부자가 될 수 있다고 유혹하는 다단계 업체나 사기 업체들이 사방에 널려 있다. 이런 상황에서 성공하는 가장 빠른 방법은 여러분들이 꾸준히 오랫동안 콘텐츠를 쌓으면서 사람들에게 신뢰를 얻는 것이다.

그렇기에 자신이 정말 해당 분야에 실력이 있는지, 있다면 그것을 입증할 증거나 콘텐츠가 있는지 등을 잘 보여줘야 한다. 여러분들의 상품·서비스를 제대로 잘 알릴 수 있으면서 믿을 수 있는 콘텐츠까지 확보하면 준비 완료이다. 그 이후엔 이웃 신청을 해도 좋다.

이 3가지 작업이 끝난 후에는 여러분들의 잠재고객이 될 블로그를 찾아야 하고, 그 블로그에 전달할 확실한 메시지가 필요하다. 이것이 사실은 블로그 이웃 늘리기의 꽃이다. (일단 여러분의 상품·서비스를 구매할 고객이 블로그에 들어와야 하지 않겠는가?)

여러분의 상품·서비스를 네이버에 검색하고, 가장 상위에 떠 있는 사람들의 블로그를 찾아가서 그들의 글에 댓글을 달고 공감 버튼을 누르는 사람들을 유심히 지켜봐야 한다. 우선 그분들은 여러분의 고객이 될 가능성이 크다. 방문자의 블로그에 한 번씩 방문해본다면 그 잠재고객이 정말로 여러분의 충성고객이 될 수 있을지 없을지 알 수 있다.

네이버의 이웃 추가는 하루 최대 100명까지 가능하다. 그중에서 여러분이 전단지 돌리듯 100명을 아무렇게나 추가할 것인지, 10명이라도 진짜 여러분의 고객이 될 사람들의 블로그를 돌면서 신뢰를 쌓고 고객으로 만들어 갈지는 사실 마케팅 전략에 따라 다르다. 구매 전환율 관점에서 어느 쪽이 더 수익이 되는지, 어느 쪽이 본인에게 맞는지는 직접 시도해 보면서 찾았으면 좋겠다.

05 .... 본격적인 블로그 마케팅을 위한 도구

지금까지는 블로그를 활용하기 위한 전체적인 흐름에 대해서 파악했다면, 이제부터는 정말로 실전이다. 책만 읽지 말고 직접 실천해 본다면 훨씬 더 기억에 오래 남고, 나중에 활용하기에도 좋을 것이다.

마케팅 관점에서 중요한 한 가지를 꼽자면, 데이터 통계이다. 데이터는 정직하다. 어떤 내용에 관심을 갖는지, 어디를 통해서 들어오는지, 무엇을 검색하는지, 어떤 것을 자주 사는지 등등의 데이터는 사람들의 구매 여정을 추적하는 데 큰 도움을 준다. 그런 의미에서 소개할 사이트가 하나 있다. 바로, 네이버 데이터랩이다.

네이버 데이터랩에 관해 들어본 적이 있는가? 아마 블로그를 마케팅 채널로 활용하는 사람이라면 한 번쯤은 들어봤을 것이라는 생각이 든다. 만약, 들어보지 못했다면 지금 알려줄 테니, 블로그 마케팅에 조금이라도 도움이 될 수 있도록 하면 좋겠다.

네이버 데이터랩의 시초는 실시간 검색어와 급상승 검색어의 동향 파악을 위해서였다. 실제로 아래와 같이 2017년 3월 29일부터 2018년 10월 10일까지는 해당 날짜에 검색어 조회 수가 급격히 상승했던 것을 보여주는 형태로 시작했다.

이것이 아마 네이버 데이터랩이 최초로 사람들의 검색어에 관심을 가지기 시작한 순간이 아닐까 생각해 본다. 블로그 마케팅 관점에서는 획기적인 일이었다. 마케팅 관점에서는 일단 사람들에게 인지시키는 것이 중요하고, 그러려면 어떤 주제와 소재가 필요한지 찾아야 하므로 직접 발로 뛰어야 했는데, 이제는 네이버 데이터랩이 그런 문제를 해결해주는 역할을 하기 시작한 것이다. 그 덕분일까? 네이버 데이터랩은 눈부신 발전을 이룬다.

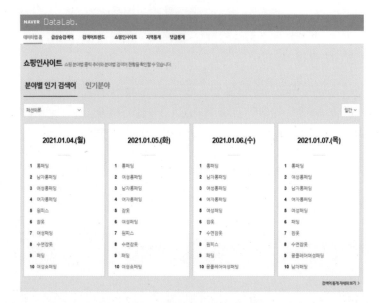

위에서 보는 네이버 데이터랩 화면에는 여러 기능이 많이 추가되어 있다. 쇼핑인사이트, 급상승 검색어, 검색어트렌드, 지역 통계, 댓글 통계, 이렇게 많은 기능이 필요한 이유를 생각해 본 적이 있는가? 실시간 검색어만 체크하면 되는데 왜 이렇게 촘촘한 기준으로 쪼갰을까?

여기에는 두 가지 이유가 있다고 생각한다.

하나, 네이버의 광고를 이용하는 광고주들의 편의를 위해서이다.

실제로 네이버는 배너 광고, 키워드 광고 등 다양한 형태로 광고 수익을 창출하고 있고, 그 금액은 분기당 6~700억 원 수준에 육박한다.

1년에 2~3,000억 원을 움직이는 광고주들의 요청을 거절하기 어려웠던 네이버가 그들의 니즈를 맞추기 위해서 네이버 데이터랩 내의 여러 기능을 만들었다는 것이다. (아무래도 광고주 입장에서는 유저들의 반응과 관심이 어디로 쏠리는지 민감하게 반응해야 하기 때문이 아닐까 싶다.)

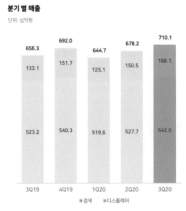

분기 별 매출
단위: 십억원

656.3 | 692.0 | 644.7 | 678.2 | 710.1
133.1 | 151.7 | 125.1 | 150.5 | 168.1
523.2 | 540.3 | 519.6 | 527.7 | 542.0

3Q19 | 4Q19 | 1Q20 | 2Q20 | 3Q20
■검색 ■디스플레이

서치플랫폼[2]

3Q20 YoY 8.2% ↑ / QoQ 4.7% ↑

(검색) YoY 3.6% ↑ / QoQ 2.7% ↑

(디스플레이) YoY 26.3% ↑ / QoQ 11.7% ↑

• 8월 코로나19 재확산에도 불구하고 매출 회복세가 두드러지며 전년동기 대비 8.2% 성장

• 성과형 광고 확대 적용 및 광고 효율 제고 노력으로 디스플레이 매출 전년동기 대비 26.3% 증가

다른 하나는 네이버가 스마트스토어, 즉 E-커머스 시장으로 세력을 확장하면서 검색만으로 충분하지 않은 고객의 시장 데이터를 흡수하기 위해서 자체적인 데이터베이스 시스템을 구축하던 중 그것을 공공데이터로써 활용할 수 있도록 일반 유저들에게도 공개했다는 가설이다.

두 가지 모두 그럴싸한 이야기일 수도, 아닐 수도 있지만, 중요한 점은 이런 데이터를 우리가 직접 활용할 수 있다는 점이다.

---

2) 2021년도 2분기 실적발표 - NAVER Corporation

실제로 필자가 데이터랩에서 1월 7일에 찾은 실시간 검색어이다. 실시간 검색어 순위에 오른다는 말은 적게는 수십만, 많게는 수백만의 사람들이 해당 키워드로 검색을 한다는 의미와 같다.

안타깝게도 해당 실시간 검색어 기능은 2021년 2월 25일부로 종료되었지만, 그 외에도 네이버 데이터랩의 쇼핑인사이트를 활용하면 비슷한 효과를 낼 수 있으니 참고하자.

토막상식을 하나 이야기하자면, 현재 국내 인구는 5,000만 명이다. 이중 네이버를 검색 포털사이트로 활용하는 인구는 60%로, 최소 3,000만 명이 정보 검색을 위해서 네이버를 사용하고 있다.

실제로 위 키워드 중에서 몇 가지 (오스코텍, 블루웨이브, 빅죠, 콩고왕자라비)를 추린 후, 사람들이 해당 키워드를 얼마나 많이 검색하는지 알아보았다. (해당 사이트는 '키워드 인사이트'라는 곳으로, 이곳에서는 검색어의 조회 수를 확인할 수 있다.)

'오스코텍'은 80만 명, '블루웨이브'는 30만 명, '빅죠'는 500만 명, '콩고왕자라비'는 130만 명이 검색한 키워드이고, 이런 데이터는 블로그 마케터들에게 황금 같은 정보일 수밖에 없다. 해당 키워드로 검색했을 때 무료로 상위 노출을 시킬 수 있다면, 마케팅 퍼널 전략의 '인지' 단계는 확실히 끌어올 수 있기 때문이다. 그래서 다양한 사람들은 해당 키워드의 상위 노출을 위해 애를 쓰고, 이를 통해서 본인이 직접 운영하는 회사나 상품·서비스와 어떻게든 연결 지어 관심을 갖게 하려고 한다.

예를 들어, '오스코텍'과 '블루웨이브'는 주식과 관련된 용어이므로 주식과 관련된 곳에서 근무하는 마케터라면 해당 키워드를 상위에 노출시킨 뒤 본인의 회사는 투자를 전문으로 하는 회사이고, 당신들의 손실을 회피할 수 있게 도와줄 수 있다고 할 것이다. 이 역시 하나의 마케팅 전략이다. 또 기자들이라면, '빅죠'라는 가수의 안타까운 사망 소식을 사람들에게 알리기 위해 손가락을 불이 나도록 움직일 것이다.

마지막으로 '콩고왕자라비'는 콩고의 왕자 출신인 라비가 조건만남 사기로 수감되었다는 내용이다. 이를 바탕으로 성매매 근절 캠페인이나 데이트 어플, 공익광고와 엮을 수 있다.

위 모든 것은 가상의 시나리오이고, 굉장히 억지스럽고도 홍보 티가 나는 방법이지만, 세련된 마케터들이라면 이런 정보의 조합만으로 아름다운 수준의 홍보 콘텐츠를 찍어내며 수익화 방법을 만들어내고 있을지도 모른다.

필자가 알고 있는 도시 괴담에 의하면, 과거 코로나 초창기에 네이버 데이터랩에 공적 마스크와 관련된 내용이 실시간 검색어 순위에 뜨는 것을 캐치한 마스크 회사 대표가 저렴한 키워드 광고 비용으로 공적 마스크와 관련된 키워드를 모두 독점해서 수억 원대의 수익을 챙겼다는 이야기도 있다. (어디까지나 비공식적인 이야기다.)

중요한 것은 이런 기회가 널려 있다는 사실이다. 방금까진 통제할 수 없었던 특정한 이슈 키워드를 활용하는 방법이었지만, 네이버 데이터랩이 발전했다는 필자의 말, 아직 기억하고 있는가?

2016년, 네이버 데이터랩에는 '검색어트렌드'라는 칸이 새로 만들어졌다. 여기에 주제어를 입력하고 기간·성별·연령대·사용환경을 별도로 설정하면 사람들이 언제 그 키워드에 관심을 갖는지 알 수 있다.

예를 들어 여러분이 롱패딩을 판매해야 하는 사장님이라고 생각해 보자. 그러면 사람들이 언제부터 롱패딩을 찾기 시작하는지 알아야 하지 않는가?

당신의 고객층이 스마트폰을 자주 사용하는 20대 후반의 여성이라고 한다면 아래와 같은 조건으로 주제어를 설정하고, 키워드 인사이트, 네이버 검색광고도구, 블랙키위 등 연관 키워드를 불러올 수 있는 툴을 이용해서 롱패딩과 연관된 모든 키워드를 모아 본 다음 조회해 보면 된다.

그러면 아래와 같은 형태의 그래프가 나타난다. 해당 자료는 1년을 기준으로 롱패딩에 대한 검색량을 추출한 네이버 데이터랩의 결과이다.

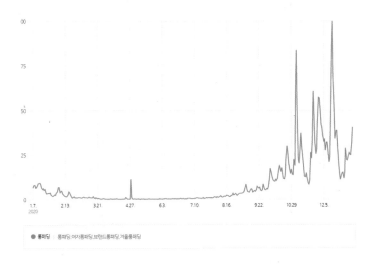

그래프를 보면 8~9월부터 롱패딩에 대한 관심도가 높아지기 시작하더니, 10월 말, 12월 초에 절정을 이룬다. 더 세부적으로 분석하면, 사람들이 주말에 검색을 많이 하고 평일 중 수요일과 목요일에는 검색량이 급감한다는 사실을 알 수 있다.

이 데이터를 의류회사 사장님이 알았다면? 제품은 언제까지 개발해야 하고, 홍보는 언제 할지 대략적인 1년 플랜을 세울 수 있다.

예를 들어 사람들이 많이 검색하도록 하는 것이 목표라면, 비용을 좀 더 많이 들여 주말에 키워드 광고를 하고, 비용 절감이 목표라면 검색 광고 비용을 낮추고 평일에 광고를 돌릴 수도 있다. 참고로 네이버 키워드 광고는 비딩(Bidding, 입찰) 형태라서, 경쟁 입찰가가 높으면 높을수록 상위에 노출되는 구조로 이루어져 있다.

이것이 바로 마케팅 전략이다. 과거에는 어떤 마케팅 방식을 택할지 얼마의 예산으로 광고와 마케팅을 집행할지, 마케팅 채널은 무엇으로 할지 등을 통계청 자료를 뒤지거나 설문조사·대면조사를 해서 결정해야 했는데, 이제는 네이버 데이터랩 하나만 있으면 만사 OK이다.

위 데이터는 사실 본인이 직접 주제어를 설정해야 하기에 불편한 부분이 있는데, 이것을 좀 더 잘 분석해보고 싶은 생각이 들지 않는가? 그래서 등장한 기능이 바로, 네이버 데이터랩 쇼핑인사이트이다.

아래 통계 검색 결과를 보면 12월 한 달 동안 가장 많이 검색된 키워드는 롱패딩, 여성롱패딩, 남자롱패딩, 여자롱패딩, 여성패딩이라는 것을 알 수 있다. 그것에 대한 통계 추이도 살펴볼 수 있게 하여 편의성을 더했다.

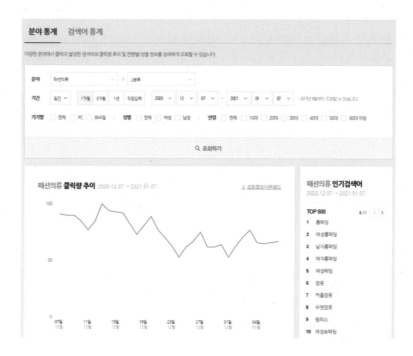

아마 스마트스토어나 온라인 쇼핑몰의 수많은 사장님들이 이 기능을 자주 활용할 것이다. (물론⋯ 이런 쇼핑 통계를 알려주는 사설 사이트들은 훨씬 많이 있다.)

결국 정리하자면 이렇다. 네이버 데이터랩을 통해서라면 마케터이든, 스마트스토어 사장님이든, 블로거든 대중들이 원하는 데이터를 손쉽게 얻을 수 있고, 그 Raw Data를 자기만의 방식으로 가공해서 활용할 수 있다. 이 일이 바로 마케터의 역할이고 역량이다.

아마 이렇게 질문하는 독자들도 있을 것이다.

"블로그는 완전히 고인 물인데, 새로운 것이 있는가?"
"왜 굳이 이제 와서 다시 블로그를 하라고 부추기는가?"
"이미 블로그에 질렸으니 다른 주제를 알려달라."

실제로 네이버 블로그는 고인 물 같던 기존 모습을 탈피하기 위해서 이번에 새로운 기능을 도입하였다. 바로 **블로그 마켓**이다. 네이버가 스마트스토어로 수익화에 성공한 뒤라서인지, 검색 플랫폼의 모습보다는 쇼핑 플랫폼으로 변화하기 위한 시도로 보인다.

블로그 마켓이란?

블로그와 네이버페이가 만나
내 이웃과 안전하게 물건을 사고팔 수 있는 기능입니다.

이것은 시사하는 바가 굉장히 크다. 과거에는 타인의 제품이나 상품을 홍보하는 체험단이나 협찬 블로거들이 많이 활동했다면, 앞으로는 스마트 스토어를 이용하지 않고 블로그만 잘하는 인플루언서, 또는 방문자가 높은 최적화 블로거들이 블로그 마켓으로 사람들이 많은 거래를 할 것이다.

네이버가 그렇게 유도하고 있다는 사실 역시 미리 알 수 있다. 실제로 네이버에서는 이 블로그 마켓 사용을 권하며 혜택도 주고 있다.

사실 이것은 과거 블로그 공동구매를 했을 때 가장 불편했던 부분을 완벽하게 개선한 모델이라고 할 수 있다. 물론 몇 가지 개선점이 남아 있긴 하다. 블로그 마켓에는 리뷰를 누적할 수 없다는 점, 상품 판매인데 키워드광고를 내기 어려운 점이 대표적인 사례라고 할 수 있다.

공동구매는 댓글로 신청을 받아 판매하기에 신뢰성과 신속성이 현저히 떨어졌다. 비밀 댓글을 달아야만 가격을 볼 수 있던 비밀 상품들은 물론이고, 공동구매주가 돈만 받고 잠적하거나, 공동구매주의 확인이 늦어 중복 신청이 되어 한 사람은 신청이 누락되는 경우가 있어 불편이 많았다. 그러나 블로그 마켓이 정상적으로 운영되기만 한다면 이제 그런 문제들은 사라질 것으로 보인다.

필자 역시 많은 분들에게 쉽고 빠르게 강의를 들을 수 있는 기회를 드리기 위해서 여러 번의 시도를 했지만, 결국에는 스마트스토어에 정착했다. 결제도 빠르고 편리하며, 중복 선택도 쉽게 할 수 있어서 이용하고 있다.

결국 네이버는 스마트스토어와 블로그 마켓 투트랙을 운영하면서 이커머스 시장을 더 강력하게 장악하려고 시도하고 있다. 우리는 그것을 적극적으로 활용하면 된다. 그와 함께 수익화를 병행할 수만 있다면 평생직업도 꿈이 아니라고 생각한다.

6단계
세일즈 리셋

Before
내 제품을 세상 모든 사람에게 다 팔겠어.

After
내 제품은 이런 효과가 있으니,
이 효과가 필요한 사람들에게 먼저 팔겠어.

리셋 6단계

세일즈

01 .... 오프라인에선 어떻게 고객이 지갑을 열게 했을까?

앞선 글들을 통해서 여러분들은 블로그를 하면서 필요한 90%를 리셋했다. 마인드부터 시작해, 프로필을 리셋하고, 키워드와 컨텐츠도 모두 개편하고 마케팅 하는 방법까지 생각을 바꿨다. 이제 다 왔다. 마지막 단계만이 남았다.

지금까지 이 책을 읽는 당신에게는 한 가지 의문점이 생겨나야 한다. 그래서… 마케팅을 통해서 어떻게 돈을 버는데? 라는 질문. 우리가 열심히 블로그를 하고 귀한 시간을 들여서 이렇게 진지하고 재미없는 글을 읽는 본질적인 이유는 바로, 돈 버는 법을 알기 위해서가 아닌가?

블로그로 돈을 버는 법을 알려주기 이전에, 돈이 가장 많이 움직이는 두 가지 장소를 소개하고, 그 안에는 어떤 돈 버는 법이 숨어 있는지 알려주겠다. 이것은 과거 오프라인 시장을 주름잡았던 전략이며, 현재 온라인 시장으로 바뀌었을 때는 이 사례를 통해서 어떤 것을 노리면 될지 생각해보자.

오늘 알려줄 두 가지 장소에는 세 가지 물건이 없다.

거울, 시계, 창문

힌트를 주자면, 한 곳은 우리나라와 전 세계의 큰 도시에는 모두 있고, 다른 한 곳은 국내와 해외에서 특정한 지역에만 존재한다.

과연 이곳은 어디일까? 5초의 생각할 시간을 주겠다.

만약 5초 만에 이 세 가지 단어를 듣고 어떤 장소인지 맞혔다면, 이다음 내용도 어떤 내용이 나올지 아는 사람이라고 생각한다. 그렇다면 귀한 시간 낭비하지 말고 바로 다음 스텝으로 넘어가거나, 속는 셈 치고 나머지 내용을 좀 더 들어보라. 본인이 아는 장소가 맞는지 한번 생각해보면 좋겠다.

바로 두 곳은··· **카지노**와 **대형마트**이다.

이 장소에는 돈 버는 법에 대한 모든 것들이 녹아 있다. 과연 그 전략이 무엇인지 하나하나씩 살펴보자.

먼저 앞서 이야기한 거울과 시계와 창문 이야기는 고전적인 마케팅 또는 영업 방법을 다루는 서적에는 다 나오는 예시이니, 몰랐다면 이번 기회에 알아두면 좋겠다. '잘나가는 카지노에는 3가지가 없다'라는 내용으로 검색하면 다양한 해석을 참고할 수 있다.

시계가 없는 이유는 시간의 흐름을 알기 어렵게 만들기 위함이다. 만약에 여행지를 가고, 오후 스케줄을 즐기기 위해서 시간 별로 플랜을 세워놨는

데, 시계가 없다면? 그 내부의 시간의 흐름을 어떻게 파악할 것인가.

결국 시간에 무감각해져 가고, 무감각해진 시간관념은 게임에 몰입하게 해준다. 돈을 땄으면 더 딸 수 있을까 봐, 돈을 잃었다면 한 푼이라도 더 만회하기 위해 게임에 몰두하게 만든다. 결론적으로는 카지노에 방문한 여행객들과 손님들이 카지노에 더 돈을 쓰게 만든다.

도박의 본질은 제로섬게임이다. 이 게임에서 승자는 항상 카지노다. (왜냐? 카지노의 칩을 교환하는 데는 환전 수수료가 들기 때문에, 수수료만으로도 어마어마한 수익을 올릴 수 있다.)

▶ 카지노 영업장별 매출

(단위 : 억원)	2018. 2Q	2018. 3Q	2018. 4Q	2019. 1Q	2019. 2Q	YoY
영업매출 계(A)	3,417	3,509	3,434	3,620	3,631	6.3%
일반테이블	1,516	1,545	1,553	1,639	1,621	6.9%
회원영업장	544	577	564	612	616	13.3%
슬롯머신	1,358	1,387	1,317	1,370	1,394	2.7%
콤프 지급(B)	-304	-334	-314	-330	-340	12.0%
카지노 매출(A+B)	3,113	3,175	3,120	3,290	3,291	5.7%
총 드롭액	14,750	15,906	15,180	15,678	15,898	7.8%
* 입장객(명)	663,382	777,621	680,737	745,566	668,687	0.8%
입장객중외국인(명)	8,229	8,778	8,960	8,366	7,481	-9.1%

☞ 영업매출(A) ☞ '매출총량제' 관리 대상

▶ 비카지노 매출

(단위 : 억원)	2018. 2Q	2018. 3Q	2018. 4Q	2019. 1Q	2019. 2Q	YoY
호텔	217	298	237	258	248	14.0%
콘도	29	91	74	93	42	44.3%
스키	5	9	64	110	7	51.6%
골프	20	32	8	0	22	12.5%
워터월드	-	78	8	15	24	-
자회사	3	8	7	7	9	178.2%
비카지노 계	274	515	399	484	352	28.5%
비카지노 매출비중	8.1%	14.0%	11.3%	12.8%	9.7%	-

해당 자료는 강원랜드의 2019년도 IR자료이다. 카지노와 비카지노 매출

만 비교하더라도, 이해할 수 있을 것이다. 강원랜드는 무엇으로 돈을 벌어왔는지 말이다.

창문이 없는 이유는 두 가지 측면이 있다.

하나는 창밖의 대자연의 흐름을 못 보게 하기 위해서이다. 하늘, 구름, 달, 별 등 자연 풍경을 일정 시간 동안 바라보면, 어지러웠던 마음이 차분해진다. 차분해지면 사람은 이성적으로 바뀌고, 이성적인 판단이 카지노 게임에 개입되는 순간, 언제든지 STOP을 외칠 수 있게 된다.

돈에 대한 욕심과 집착, 큰돈을 벌 수 있다는 욕망 등 사람의 내면에 있는 본능과 감정을 최대치로 끌어내고 이성을 마비시켜야만 사람이 도박에 더 빠지게 된다. (불법도박 중독 상담은 국번 없이 1336번을 눌러라.)

다른 하나는 시계와 같은 이유인데, 바로 판단력을 없애기 위해서이다. 화창한 대낮에 들어갔다가 창밖을 봤는데 밤이 되었다는 것을 인지하면, 가장 먼저 드는 생각이 무엇일까? '내가 이렇게 오랫동안 카지노에 있었다고?' 등일 것이다.

거울이 없는 이유는 자신의 모습을 보지 못하게 하기 위해서이다. 무언가에 흥분하여 푹 빠져본 경험이 있는가? 그 순간의 자신의 표정을 본 적이 있는가? 의학적으로, 사람이 흥분해서 무언가에 빠지면 교감신경이 활성화된다. 동공은 커지고, 점액·침이 폭발하며, 심장은 두근거리고, 아드레날린이 펌프질하기 시작한다. 아마, 입은 벌어지고, 눈은 동그래지며, 무언가에 몰입하는 표정이 될 것이다. 그 순간 거울을 들이대면 어떤 일이 벌어지는 줄 아는가? 바로 이성이 작동한다. 광기에 빠진 자신의 모습을 거울을 통해 본다면, 평상시의 자신과 너무도 다르기에 바로 정신이 들 것이다.

카지노는 이 외에도 화려한 쇼와 조명들, 어두운 분위기, 선정적인 복장의 여성들, 적절한 알코올 등을 제공한다. 그 이유는 위에서 설명한 의학적인 내용과 일치한다. 사람을 흥분시키기 위해서, 교감신경을 자극하기 위해서, 그로 인해 이성을 마비시키고 카지노에 빠지게 만들기 위해서이다. 그래야만 사람들은 더 오랜 시간, 더 많은 금액을 투자하며 카지노에 머무를 테니 말이다.

비슷한 이유로 대형마트에도 시계, 창문, 거울이 없다. (특히 생필품, 음식을 판매하는 층이 있는 대형마트 구조를 잘 살펴보라.)

앞서 언급한 세 가지가 없는 이유는 위에서 설명했기에, 대형마트가 돈 버는 법에 대해서는 우리가 쇼핑하는 패턴과 함께 이야기를 해보도록 하겠다.

다들 이런 경험 해봤을 것이다. 분명 대형마트에 쇼핑을 하러 간 이유는 특정한 한 가지 상품을 사기 위해서였는데, 쇼핑을 끝내고 영수증을 보면 5만 원 ~ 30만 원까지 나온 경험. (그렇다. 바로 필자의 이야기이다.)

왜 그럴까? 궁금한 적이 없었는가? 그 비밀 여섯 가지를 먼저 알려주겠다. 특히 이것은 패션 쪽이 아닌, 식품·생필품 쪽에 있다. (이 부분만 잘 읽어도 핵심은 건질 수 있다.)

❶ 대형마트는 입구와 계산대까지의 동선이 딱 하나다. 그 코스는 입구에서부터 계산대까지 정말 많은 물건을 보도록 세밀하게 세팅이 되어 있다.

❷ 길을 찾는 동선을 정말 많이 뚫어놓고 심지어는 길을 찾기 어렵게 미로처럼 해두었다.

❸ 사람들이 제일 자주 찾는 메뉴들(과자, 음료, 술, 소스, 라면, 커피 등)은 대형마트 매장 가장 구석에 자리 잡고 있다.

❹ 계산대로 가기 직전의 동선에는 할인 상품, 패키지 상품들이 잔뜩 깔려 있다. 심지어는 70% 이상 할인하는 B급 제품(유효기간이 얼마 안 남거나, 포장지 파손으로 인해 팔 수 없는 제품)도 놓여 있다.

❺ 동선의 중간쯤에는 시식을 할 수 있는 코너와 즉석조리 식품 매대가 놓여 있다.

❻ 계산대 바로 앞 무릎 높이쯤에는 캔디, 초콜릿, 어린이용 작은 캐릭터 상품이 놓여 있다.

자, 이 중에서 돈 버는 법과 관련된 내용을 몇 가지나 캐치했는가? 이 비밀의 핵심을 딱 한 줄로 요약하면, 아래와 같다.

마트에 오래 머물게 하려고 계산대까지의 동선을 최대한 길게 만드는 것.

사람은 생각보다 이성적인 생물이 아니다. 오히려 즉흥적인 경우가 많다. 고요하게 가라앉은 마음에 마케팅이란 돌멩이를 던지기만 해도 사람들은 쉽게 동요하고, 지갑을 연다.

먹을 것을 사러 가는 길에 휴지나 세면도구 등 생필품을 깔아두는 것은 물론이고, 중간중간 할인한다는 목소리를 높이는 판매원들과 코끝을 자극하는 향긋한 향기, 아이들 눈높이에 맞춘 간식거리까지 어느 하나 허투루 배치하지 않는다. 이렇게 잘 아는 이유가 무엇이냐고? 나도 당했기 때문이다.

휴지 하나, 귤 하나가 필요해서 방문한 대형마트를 돌다 보면 아직 집에 넉넉하게 남아 있는 샴푸 1+1 행사를 보고, 저렴하다는 생각에 카트에 담고, 중간에 먹음직스러운 만두나 피자가 있으면 시식 한번 해보고, 맛있어서 충동적으로 또 카트에 담는다.

갑자기 마감 세일이라며 50% 할인을 한다는 판매원의 말에 재고가 동나지 않을까 발을 동동 구르며, 빨리 나도 달라고 외치며 지갑을 열었던 적이 한두 번이 아니다. 그리고 쇼핑이 끝나고, 영수증을 보면서, 구매한 물건들을 바라보고 있노라면… '내가 이걸 왜 샀지?' 하는 후회와, '그래도 대형마트에서 싸게 잘 샀으니까.'라는 위안 심리가 서로 싸운다. 정말이지… 무서운 대형마트다. 돈 버는 법의 귀재라고 할 수 있다.

03 ………… 온라인에서는 어떻게 고객의 지갑을 열 수 있을까?

필자가 사용하는 방법을 몇 가지 공개해 보겠다.

첫 번째. 여러분의 서비스를 시식 코너로 만들어라. 필자와 같이 고급 정보를 블로그에 무료로 풀거나, E-Book으로 제작해도 좋다. 사람들이 온다면, 무료라고 알려주고 일단 퍼주면 된다. (여기서 아깝다고 손에 쥔 것들을 못 놓는 분들이 있다면, 더 이상 이야기할 것이 없다.)

실제로 시식 코너의 음식(서비스)가 맛있으면 맛있을수록 사람은 감질나기 마련이다. 더 먹고 싶고(음식), 더 하고 싶고(서비스), 더 듣고 싶다(교육). 분야가 무엇이든 무료로 제공하는 상품이 있고, 양이 살짝 부족하다면, 사람들은 더 원하기 시작한다. 그때 여러분은 손을 슬쩍 내밀기만 하면 된다.

모든 분야에서 통용되는 전략이다. 이 전략의 무서운 점이기도 하다. 만약 운동을 알려주는 사람이라면 하체 운동만 무료로 알려줘 봐라. 상체운동, 코어 운동이 궁금해서 지갑을 열 것이다. 그림 그리는 법을 알려주는 사람이라면 흑백의 그림을 그리는 법을 무료로 알려주라. 색칠하는 법이 궁금해서 지갑을 열 것이다.

고객님, 시식(음식, 서비스, 교육)이 마음에 드셨나요? 사실 그것은 맛보기였고, 여러분들이 만족할 수 있는 더 좋은 상품이 있습니다. 라고 외치는 것이다.

오프라인의 시식 코너와 온라인 시식 코너는 크게 다르지 않다. 실제로 필자도 위와 같은 방법으로 1,500명의 수강생을 1개월 만에 모았다. 무료로 교육을 한 이후에는, 매번 같은 강의를 할 수 없으니, 스마트스토어에 치킨 1마리 가격에 강의를 올리고, 다른 무료강의를 준비한다고 수강생들에게 공지했다. 시간을 효율적으로 관리하기 위해 취한 조치였는데, 무료였던 강의가 진짜로 팔렸다. 그것도 173건이나.

블로그강의 상위노출 교과서 (알고리즘 역사에서 맛집리뷰까지)
29,900원

여가/생활편의 > 생활편의 > 온라인 콘텐츠 > 기타 콘텐츠

리뷰 110 · 구매건수 173 · 등록일 2021.07. · ♡찜해제 68 · ⚠신고하기   📋톡톡

시식코너로 맛을 본 고객은 그 맛을 잊지 못하고, 실제 구매로 이어지는 과정이 온라인상에서도 똑같다는 사실을 확인했다. 여기서 하나 꿀팁으로 알려줄 것이 있다. 바로 구매 전환율이다. 이것만 잘 체크할 줄 알아도 여러분이 수익을 내는데 한 걸음 더 다가갈 수 있다.

(구매 고객 수 / 방문 고객 수) * 100 = 구매 전환율

필자의 강의를 구경한 사람은 1,500명이고 그중 구매한 사람이 173명이라면 (173 / 1,500) * 100 = 11.5% 필자의 블로그에 들어온 후, 필자의 시식코너를 이용한 사람들 중 100명 중 11명은 진짜로 구매한다는 말이다. 참고로 국내 e커머스에서 발생하는 평균 구매 전환율은 1.33%이다.

블로그를 제대로 세팅하면 구매 전환율 효과가 최소 5~6배 이상 좋다. 이게 시식코너의 중요성이다. 무료강의가 시식코너 맛보기였고, 스토어에 올린 것이 본 상품이었는데, 본 상품 홍보는 거의 하지 않았음에도 불구하고, 시식한 제품이 마음에 드니 고객들이 구매한 셈이다.

강의라는 무형의 서비스도 시식코너를 만들어서 활용할 수 있으며, 효과가 있다. 이 두 가지만 알아가도 여러분들이 블로그로 어떻게 사람들을 모을지, 그리고 어떻게 팔아야 할지에 대해서 활용할 수 있는 방안이 많아질 거로 생각한다.

두 번째. 여러분의 서비스가 공식적으로 인증받았다는 것을 보여줘라. 필자처럼 책을 출판해도 좋고, 사람들에게 리뷰를 받아도 좋다. 요즘은 사람들이 광고인 줄 알면서도 블로그를 찾는 이유가 무엇일 것 같은가? 상품에 대한 정보가 나와 있기 때문이다.

미지에 대한 공포는 누구나 가지고 있다. 특히 그 공포는 돈을 쓸 때 많이 생긴다. 이 제품이 괜찮은 것 맞아? 믿을 수 있어? 검증됐어? 등을 끊임없이 따지며 미지에 대한 공포심과 실패의 리스크를 최대로 줄이고 싶어 한다.

여러분이 믿을 수 있고, 서비스도 좋은 판매자라는 사실을 많은 사람들에게 보여줄 수만 있다면? 그 제품은 어떤 제품이더라도 팔린다. 그런 믿음을 수치화하면 가장 좋고, 어렵다면 하나의 블로그 포스팅에 모아두는 것도 방법이다.

실제로 필자 역시, 작년에 흩어져 있던 모든 리뷰를 모았고, 세어 보니 총 2,210개의 리뷰를 모을 수 있었다.

솔직히 고백하자면, 이중의 절반 이상은 무료 강의에 대한 후기이다. 그렇지만 무료 강의의 만족도가 높다 보니 유료 강의는 저절로 잘 팔리고, 그 이후에도 사람들은 기대를 하며 다음 강의가 나오기만을 기다리고 있다.

필자는 교육을 대상으로 했지만, 여러분들도 시도할 수 있는 방식이다. 무료 샘플 or 체험과 검증된 데이터. 이 두 가지만 확보했다면 여러분들이 그 이후에는 무엇을 팔더라도 고객들이 믿고 사줄 것이라 확신한다.

파레토의 법칙 vs 롱테일 법칙

이 두 가지 법칙은 영업·마케팅·유통업계에서 치열하게 부딪치고 있는 판매 전략이다. 용의 꼬리가 좋은지 뱀의 머리가 좋은지를 가리는 싸움이므로, 지금부터 필자의 글을 읽으며 본인의 상품·서비스가 어떤 분야에 속하며 둘 중 어느 마케팅 전략을 선택해야 할지 곰곰이 생각해 보자.

파레토의 법칙[3]

파레토 법칙 또는 80 대 20 법칙은 '전체 결과의 80%가 전체 원인의 20%에서 일어나는 현상'을 가리킨다. 예를 들어, 20%의 고객이 백화점 전체 매출의 80%에 해당하는 만큼 쇼핑하는 현상을 설명할 때 이 용어를 사용한다. 2 대 8 법칙이라고도 한다.

파레토의 법칙은 대다수가 많이 들어본 이론이라고 생각한다. 여기에 얽힌 유래가 굉장히 재미있는데, 이 이야기를 들으면 여러분들은 파레토의 법칙을 결코 잊어버리지 않을 것이다.

자, 여기 콩이 10개 있다. 이 중에 좋은 콩은 몇 개가 나오고, 나쁜 콩은 몇 개가 나올까? 이것을 실험해 본 경제학자가 있다. (오타가 아니다, 과학자가 아니라 경제학자다) 그 주인공은 바로, 빌프레도 파레토.

1800년대 후반, 빌프레도는 놀라운 사실을 발견했다며 사람들을 모았다. 그는 콩이 열린 콩깍지를 보고, 이 중에 좋은 콩은 무엇이고 나쁜 콩은 무엇인지 궁금하지 않으냐고 물었다. 사람들은 관심을 갖기 시작했다.

사실 나도 궁금하다. 어디서 좋은 콩이 나오는지 알면, 그 콩들만 골라 심으면 될 테니 말이다. 그런데 결과는 어땠을까?

---

3) 위키백과

좋은 콩은 전체의 20%의 콩깍지에서 나오고, 나머지 80%의 콩깍지는 비어 있거나, 콩알이 작았고, 몇 번을 반복해도 결과는 같았다고 한다. 콩의 20%가 나머지 전체 콩을 만든다는 소리니 이게 얼마나 신기한 일인가.

이 파레토의 법칙을 현실에 대입해 보면 정말 놀라울 정도로 잘 들어맞는다. 전체의 20%가 원인이 되어, 최종 결과의 80%를 만들어낸다는 것이다. 이를 뒷받침하는 사례들도 상당수 존재한다.

야근과 주말 근무도 불사하던 20%의 일 잘하는 직원들이, 잉여 인력인 나머지 80%의 직원과 같은 월급을 받다가 번아웃이 와서 퇴사했다는 썰은 어디선가 한 번쯤 들어본 이야기다.

회사에는 20%의 사이코가 있고, 그 존재가 회사의 분위기 80%를 좌지우지한다. 인터넷 커뮤니티에서 연애 썰을 풀어내는 글들의 80%는 잘나가는 20%의 남녀다. 잘나가는 친구의 20%가 모임에서 대화의 80%를 차지한다. 전 세계 부자의 20%의 총자산을 합치면 전 세계 80%의 자산과 비슷하다.

그렇다. 모두 현실 세계에 존재하는 이야기이고, 현실에 적용되는 모델이라면 마케팅에서도 적용할 수 있다. 전체 고객 중에서 20%는 핵심고객·VIP 고객·충성고객이라서, 해당 브랜드와 상품을 전폭적으로 지지하며 압도적인 매출을 안겨준다. 그런 충성고객에게 홀리거나 기웃거리면서 한두 번 정도 상품을 사주는 것은 나머지 80%의 고객이다.

유명한 심리학 저서와 전문가들의 일례에도, 10명 중 7명은 무관심하고, 1명은 당신을 싫어하고, 2명은 당신을 좋아한다는 이야기가 있다. 안티팬이든, 찐팬이든 직접 행동으로 옮기는 사람은 20%도 되지 않는다는 사실이 이 법칙의 핵심이다.

이 20%의 고객을 확보하기 위해서는 어떻게 해야 할까?

당연한 이야기이겠지만 첫째로는 영향력이 있는 고객을 보는 눈을 길러야 하고, 영향력 있는 고객과 자주 접촉하며 그의 마음을 사로잡을 수 있는 실마리를 찾아야 한다.

그렇다면 상위 20% 고객만 중요한가? 나머지 80%는 그냥 대충 관리해도 되는가? 이러한 의문에서 출발한 법칙이 바로 롱테일 법칙이다.

롱테일 법칙[4]
긴 꼬리, 또는 롱테일 현상은 파레토 법칙을 그래프에 나타냈을 때 꼬리처럼 긴 부분을 형성하는 80%의 부분을 일컫는다. 파레토 법칙에 의한 80:20의 집중 현상을 나타내는 그래프에서는 발생확률 혹은 발생량이 상대적으로 적은 부분이 무시되는 경향이 있었다.

위에서 설명한 롱테일 법칙은 결국 전체의 80%가 결과의 20%에만 영향을 미친다는 소리인데, 이 20%의 매출을 허투루 생각해도 될까? 대부분은 YES라고 할 수도 있다.

아무래도 투자에 비해서, 되돌아오는 것이 적어 투자 효율이 떨어져서다. 허나, 여러분들이 사장님이고 대표님이라면, 80%의 고객에게 눈을 떼기는 불가능하다고 생각한다. 한 사람의 고객이 소중하고, 그 사람이 하나라도 구매해주는 것이 소중할 텐데, 어떻게 그 고객을 놓치겠는가?

심지어 그 고객이 나중에는 단골이 되고 영향력 있는 고객이 되어 본인 매

---

4) 위키백과

출의 80%를 책임지는 손님이 될지도 모르는데 말이다. 그런 대표님들을 위해 롱테일 법칙의 성공사례 하나를 알려주겠다. 마침 이 책에서 이야기하기도 좋은 예시, 바로 블로그 이야기를 해볼까 한다.

구글의 애드센스는 롱테일 법칙을 이용한 가장 대표적인 사례이다. 구글 애드센스는 대표적으로는 유튜브에서만 쓰는 줄 아는 데 아니다. 블로그도 가능하다. 설치형 블로그인 워드프레스나, 다음의 블로그인 티스토리 블로그는 구글 애드센스를 기반으로 광고 수익을 얻을 수 있다.

실제 필자의 구글 애드센스 수익이다.[5] 하루에 만 원 이상씩 벌리는데 이쪽 분야의 고수는 하루에 10만 원, 100만 원도 번다고 한다. 그렇게 할 수 있는 가장 큰 이유가 구글 애드센스는 80%의 소상공인 광고주가 수익을 가져다주기 때문이다.

과거의 광고(TV, 현수막, 간판 등 아날로그 광고)는 비용도 많이 들고 단가가 높아 대기업들만의 전유물이었다. 그러나 인터넷의 발달로 다양한 온라인 광고가 등장했고, 구글 애드센스가 등장하며 CPC 광고(디지털 광고)가 인터넷 세상에 도입되자, 80%의 소상공인과 소기업들이 저렴한 비용으로 광고를 할 수 있게 되었다.

---

5) 헤자포터의 구글 애드센스 수익

결과적으로는 많은 사람이 대기업들의 광고로 도배된 세상이 아닌, 다양한 분야와 다양한 소재의 광고가 있는 곳에서 살 수 있게 되었다. 이는 여러분이 여러 종류의 유튜브 영상을 재생해 보면 바로 확인할 수 있다.

필자 역시 게임 유튜브 영상을 볼 때는 좀비를 때려잡는 게임이나, 건물을 짓는 게임 등 게임 광고가 나왔지만, 배가 고파서 먹방 유튜브 영상을 시청하고 있으면, 갑자기 음식 광고로 바뀌어 버리는 것을 볼 수 있었다. 유튜브 알고리즘에 소름 끼칠 정도로 놀랐다. 영상을 보는 심리를 이용해서 광고를 맞춰서 내보내는 것이다. 마케팅이 이렇게 우리의 일상에 깊숙이 들어와 있다.

아무튼, 그렇게 티끌 모아 태산이 된 소상공인과 소기업의 광고 비용이 어느새 대형 광고 못지않게 커졌다는 것이 롱테일의 법칙이 적용된 사례이다. 하위 80%의 기업이 상위 20%의 기업과 비슷한 수준의 광고 비용을 구글에 지출하고 있다.

구글 애드센스가 뭔지도 모르고, 구글 애드센스 광고 규모가 대기업 뺨을 친다는 말도 처음 들어본 사람이 있을 것이다. 허나, 걱정 마라. 이제부터 알아가면 된다. 방금 말한 지식의 부재, 이것은 다시 돌아와 파레토의 법칙이 적용된 사례이다. 상위 20%의 집단에 고급 지식이 집중되어 있고, 나머지 80%에게 일반적이고 대중적인 지식이 20% 퍼져 있는 셈이다. (유튜브든, 무료 강의든)

뭐든지 그렇다, 고급스럽고 가치 있는 정보는, 극소수 집단에 집중되어 있고, 그 정보를 얻기 위해서 수많은 사람들이 시간과 돈을 쓴다. 하물며, 필자는 상위 1%의 블로거인데, 알고 있는 것들이 얼마나 많겠는가? 그것을 나누기 위해서 책을 쓰고 있고, 단톡방을 무료로 열어두었고, 정기적으로 무료 강의도 열고 있다. 블로그에도 무료로 고급 지식을 공유하기 위해서 노력하고 있다. 말 그대로 혜자포터라는 닉네임의 혜자 마인드로 마음껏 퍼주려고 한다.

그 이유는 딱 하나이다. 필자는 정직하고, 성실하게 삶에 임하는 사람이 성공했으면 좋겠다. 착한 사람이 이용당하는 세상이 아니라, 착한 사람이 성실히 살면 그 결과가 좋았으면 좋겠다. 그게 올바른 세상 아닌가?

필자의 단톡방은 누구에게나 무료로 열려 있고, 상위 1% 블로거가 독점하고 있는 꿀팁과 정보를 무료로 모두 공개하고 있다. 정확히는 질문을 하는 사람들에게 꼼꼼히 답변을 주는 형태이고, 그냥 쉽게 찾을 수 있는 질문이라면 단톡방에 있는 다른 친절한 분들이 답을 해주실 것이다.

혜자스쿨 오픈채팅방 링크 | 암호 0330
https://open.kakao.com/o/gQooBkyc

마무리로 파레토와 롱테일 전략을 정리해보자. 상위 20%를 컨트롤하는 마케팅 전략을 짤지, 아니면 80%에 집중하는 전략을 짤지는 스스로 판단하면 된다.

○ **여러분의 상품은 어떤 특징을 가지고 있는가?**
○ **여러분의 고객은 어떤 성향을 지녔는가?**
○ **상위 20%인가? 나머지 80%인가?**
○ **상위 20%에 집중해야 성공하는 전략인가?**
○ **나머지 80%에 집중해야 성공하는 전략인가?**

모두 본인이 직접 선택해야 한다. 이 과정을 제대로 수행하기 위해서는 여러분의 상품이 고관여 상품인지 저관여 상품인지 알아야 한다. 이 단어에 대해서 처음듣는가? 걱정마시라, 다음 챕터를 읽으면 바로 이해가 될 것이다.

고관여 상품 vs 저관여 상품

'고관여 상품'과 '저관여 상품'은 마케터가 아니라면 난생처음 들어보는 단어일 수 있다. 허나, 아래 예시를 듣고 나면 '아~' 라는 생각이 절로 들 것이다.

고관여 상품 | 스마트폰, 침대, 해외여행, 안마의자, 자동차, 시계, 귀금속
저관여 상품 | 물, 휴지, 물티슈, 샴푸, 간식

여기서 말하는 관여는 **생각**이라고 보면 이해가 편하다. 구매 전, 생각을 많이 하게 되는 제품은 고관여 상품. 생각 별로 안 하고 쉽게 살 수 있는 제품은 저관여 상품이다. 이 두 가지 상품은 가격부터, 구매하는 여정에 이르기까지 모두 다르다. 이것을 표로 분류하면 아래와 같이 정리할 수 있다.

관여도 분류	고관여 상품	저관여 상품
구매 시간	2시간 이상	10~30분 이내
구매 시기	일주일 내내	주말 (토, 일요일)
검색 방식	브랜드 위주 / 꼼꼼하게	상품 위주 / 저렴한 것 위주
브랜드 선호도	높음	낮음

다양한 방법이 있겠지만, 대략 분류하면 위와 같은 형태로 제품을 구매한다. 이 이야기를 하는 이유는 바로, 여러분들의 상품이 저관여 상품인지, 고관여 상품인지에 따라서 블로그를 리셋하는 방향도 달라지기 때문이다.

예를 들어 저관여 상품이면서 생필품이라 사람들이 자주 구매하는 것이라면 스토리 위주보다는 작성 빈도를 높이고, 사람들이 자주 검색하고 많이 검색하는 키워드를 다루면서, 포스팅 중간중간에 광고를 배치하는 형태로 운영해야 유리하다. 다수에게 노출해서 그중 일부가 구매하는, 롱테일 법칙 운영이 하나의 블로그 리셋 방법이 될 것이다.

반대로 여러분의 상품이 고관여 상품이라면, 스토리 형태의 콘텐츠를 제

작해서 최대한 많은 정보를 노출하고 성공사례를 보여주며 상품에 익숙해지도록 해야 한다. 생각할 거리는 많이 던져주고, 그 생각의 방향이 구매를 만들어내는 쪽으로 움직이면 더 좋다.

여러분을 신뢰할 만한 증거(경력·포트폴리오 등)와 상품·서비스의 가치를 입증하는 기록(후기, 평가 등), 해당 상품·서비스에 대한 스토리를 보여주는 것도 좋은 방법이다. 상품과 서비스를 홍보·판매할 콘텐츠를 제작해서 단계적으로 빠져들도록 마케팅 전략을 짜야 한다. 이 과정에서는 전체의 80% 고객이 아닌 소수의 20% 고객을 모객하는 방법, 즉 파레토의 법칙이 적용된다.

자, 그럼 다시 돌아와 보자,
여러분의 제품을 무엇이고 이제 어떻게 세팅해야 할까?

우선, 어휘가 달라야 한다. 1개의 물건을 팔더라도 저관여 상품이라면 '10명 중 9명이 만족한 제품입니다.' 등의 설명으로 다수의 사람이 인정한 믿을 수 있는 제품임을 강조하면 좋다.

저관여 상품 대표적인 예시
○ 남녀노소 누구나 즐기는
○ 출시일 기준 10만 개 이상 판매
○ 30대 남성 90%가 가지고 있는 고민을 해결하는

반면 고관여 상품이라면, '이 제품은 단 한 사람에게 맞추어져 있으며, 고객의 성향과 라이프 스타일, 삶의 태도와 방식을 최대한 존중해 드릴 수 있는 유일한 제품입니다.'라는 말로 꾸미면서 스토리를 시작해야 한다.

고관여 상품 대표적인 예시
○ 이 제품은 모두를 만족시키는 제품이 아닙니다.
○ 이것은 당신을 위해서 만들었습니다.
○ 이 제품을 사용한 XX님은 300%의 매출 증가 효과를 봤습니다.

접근 방법도 달라야 한다. 포스팅에서 바로 구매할 수 있도록 만들지, 포스팅을 읽으면서 이야기에 빠져들게 만든 다음 가장 중요한 내용에 도달했을 때 상품을 권유하는 방식을 택할지를 고려해야 한다.

이쯤 되면 블로그를 어떻게 세팅해야 하는지 감이 올 것이다. 세일즈 리셋 단계에서는 이 한 가지만 숙지하면 된다. 어휘·글쓰기·판매전략·마케팅 방법 등을 하나의 콘텐츠에 녹이는 연습을 해야 하고 그 연습은 블로그를 통해서 무료로 손쉽게 할 수 있다.

필자는 돈 한 푼 들지 않는 무료 강의부터 1인당 수강료가 30만 원인 1:1 과정까지 모두 광고 없이 블로그를 통해서 완전 판매(완판)를 이루어냈다.

[강의마감] 블로그 꾸미기의 모든 것
(2/8(월) 오후 9시)

2021. 2. 2. 💬 539

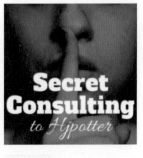

포인트   무이자

(40%) 블로그 비밀상담소

~~₩500,000~~ ₩299,000 sold out

구매평 2

좌측이 무료 강의, 우측이 30만 원 컨설팅이다. 반응 역시 나쁘지 않았다.

결국 리셋 블로그라는 책에서 말하고자 하는 메시지는 하나로 통한다. 여러분은 앞으로 온라인에서 홍보를 하고 제품을 팔아야 한다. 어떻게 스토리를 풀어내고, 어떤 컨텐츠를 블로그에 쌓고 어떻게 판매하는지 과정을 정리했다. 이 내용을 여러분들이 적극적으로 활용하면 좋겠다.

이 책을 쓰다 보니, 한가지 목표가 생겼다. 많은 블로거가 제대로 된 교육을 받고, 네이버 블로그 자체의 생태계를 깨끗하게 만들고 싶다. 광고로 넘치고 보기도 싫은 블로그가 아닌, 정말 원하는 정보를 정확하게 잘 전달하는 블로그들이 많아졌으면 좋겠다. 생각만 해도 기분이 좋아지고, 마음이 뿌듯해진다.

블로그에 광고가 아닌 좋은 정보가 많으면 나도 좋고, 여러분도 좋지 않은가? 그런 목표가 있다 보니, 어떤 형태로 교육을 해야 하고, 그 교육을 어떻게 해야 하는지에 대한 방향성이 생겼다. 그 방향대로 스토리를 만들고, 실천을 하고, 설득을 하는 과정이 필요했다. 그렇게 한 싸이클 정리를 하고 나니 확실해졌다.

이 단계를 정리하면 어떤 제품도 팔 수 있겠구나. 이 이유를 차근차근 단계별로 설명하겠다. 이 단계를 이해하는 분은 분명, 어떤 분야를 가더라도 성공할 수 있을 것이라 확신한다.

06 .... 무조건 팔리게 만드는 세일즈 6단계

1단계 | 사람을 모으는 단계

사람을 제대로 모으기 위해서는 Loss leader가 필요하다.

Loss leader란? 미끼상품, 특매품, 유인상품, 특매상품 등으로 불리며, 주력 상품을 팔기 위한 일종의 우회전략이다. 흔히 온라인 쇼핑몰이나 백화점 등에서 볼 수 있다.

여기서 중요한 포인트는 Loss Leader가 먹음직스러워야 한다. 무료 강의라고 30~50% 대략적인 정보만 알려주고, 더 고급 정보를 얻고 싶다면 유료로 결제하라는 형태는 Loss Leader라고 부르기 민망하다. 이런 형태는 대형마트에 있는 시식코너와 더 비슷하다. 맛보기를 이용해서 본 상품을 구매하게 만드는 전략이니 말이다.

필자는 Loss Leader를 준비할 때, 어떤 강의에서도 듣지 못한 새로운 개념과 통계, 데이터를 이용해서 **믿을 수 있는 블로그 상위노출 교육**을 했다. 처음에는 인지도가 없었기에, 다른 분의 도움을 받아 강의를 런칭했다. 처음엔 300명의 수강생 모으는데 10일이 넘게 걸렸지만, Loss Leader가 제대로 작동한 것은 그다음이었다.

정직하게, 정확하게 교육을 해주고, 추가로 강의 강매를 하지 않았다. 블로거분들에게 정직함을 무기로 다가갔다. 그러자, 블로거들 사이에서 입소문이 돌았다. 이 단계에서 **사람을 모으는 것**이 중요했기에 여기에만 집중했다. 2차 강의부터는 500명 규모였는데, 신청 인원을 모으는 데 3일이 걸렸고 3차 강의는 하루도 채 걸리지 않았다. 입소문과 상품의 힘이었다.

가장 좋은 마케팅은 광고도 홍보도 아닌, 상품 그 자체라는 불변의 진리가 먹혀든 셈이다. 결국 100명도 안 되던 카카오톡 채팅방을 1,500명으로 만드는 데는 1개월이 걸리지 않았다. 강의하는 간격이 짧았다면 2주면 충분했을 거로 생각한다. 여기서 중요한 것은. 그 잠재 고객들을 한곳에 모아둬야 한다는 것이다. (카페, 오픈채팅방, 홈페이지, SNS 채널 등)

2단계 ㅣ 상품을 개발하는 단계

상품 개발에는 단 한 가지만 있으면 된다. 기존 구매고객의 '피드백', 이 단계는 여러분의 상품의 퀄리티를 급격하게 높여준다. 모든 첫 시작품은 초라하고 볼품없기 마련이다. 시작품을 하나씩 개선해 나가는 단계는 어떤 분야에서든 필요하며, 최초의 제품을 빠르게 개선하는 법은 피드백뿐이다.

필자는 위 과정에서 한 줄 설문을 받았다. (평점, 이해도, 만족도 평가, 다음

에 듣고 싶은 강의)

수강생 1,500명 중 950명이 응답을 했고, 90%가 5점을 줬다. 허나, 여기서 중요한 것은 1~3점인 평가이다. 무료인데도 불만이 있다는 것은 상품/서비스에 개선의 여지가 있다는 것이니 말이다.

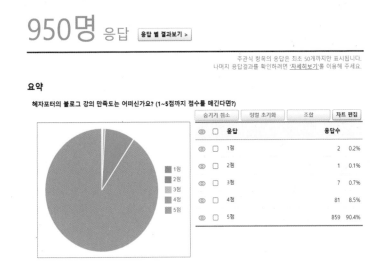

필자에게 언급되었던 단점으로는 속도가 너무 느리고, 자랑이 너무 많다고 했다. 이 책을 읽으면서 똑같은 생각할 독자도 있겠지만, 이건 자랑이 아니다. 어딘가의 짜깁기한 사례로 범벅이 된 책보단, 필자가 직접 경험하고, 만들어본 결과를 통해서 여러분들도 할 수 있다는 메시지를 전달하고 싶은 책을 만들고 싶었다. 그러다 보니 필자의 사례만 이야기하게 된 것이다.

필자는 평범했고, 가난했고, 어릴 적 받은 교육은 공교육뿐이었다. 평범한 중소기업을 다니며, 남들과 다르지 않은 회사원의 삶을 살았지만 그 삶이 불만이었다. 결국 회사를 나왔고, 아무도 알려주는 사람이 없어 맨땅에 헤딩하며, 시행착오를 겪었다. 그사이 깨닫게 된, 제대로 성공하는 방법을 하나씩 적용하다 보니 여기까지 올 수 있었다고 생각한다. 그 방법에 대해 여러분들은 시행착오를 겪지 말라고 알려주고 있는 것이다.

6단계 | 세일즈 리셋   147

필자가 좋아하는 위인은 공자이고, 논어를 자주 읽었는데, 그중에 좋아하는 문장 하나를 공유해본다.

子曰 三人行, 必有我師焉 (자왈 삼인행 필유아사언)
擇其善者而從之, 其不善者而改之 (택기선자이종지 기불선자이개지)
공자, 논어 술이편(論語 述而篇)

"세 사람이 길을 가더라도 그중에 반드시 내 스승이 될 만한 사람이 있다. 그들 중 좋은 점을 가진 사람의 장점을 가려 이를 따르고, 좋지 않은 점을 가진 사람의 나쁜 점으로는 자신을 바로잡을 수 있기 때문이다."

책도 3개의 챕터 중 하나 정도는 쓸만한 내용이 있다. 이 책은 여러분들에게 어떤 스승이 되는 글인가? 장점이 많은가, 단점이 많은가? 여러분이 실천할 내용이 포함되어 있는가?

다시 돌아와, 수강생분들이 후기로 남겨주신 것 중, 더 듣고 싶은 강의에는 글쓰기, 마케팅, 수익화 분야가 있었다.

1~2단계를 통해서 고객들에게 내가 어떤 상품/서비스를 제공해주는 사람인지 알려주면서, 다음 단계에서는 무엇을 할지 알리는 단계를 거쳤다. 그다음 준비해야 하는 상품/서비스 또한 어떠한 시장조사 없이 바로 알아냈다.

Loss Leader는 이렇게 사용해야 한다. 고객을 끌어모을 상품(이 상품의 퀄리티도 좋아야 한다)으로 고객을 최대한 많이 모아두면 고객들의 요구사항이 데이터로 나온다. 상품 판매, 설계자는 가장 많은 고객군이 원하는 제품/상품을 준비하면 된다.

상품/서비스 준비가 어렵다고 생각하는가? 필요한 물건이 있다면 국내, 해외 할 것 없이 저렴하게 제공해주는 사이트가 넘친다. (알리바바, 타오바오,

1688, 도매꾹, 도매토피아 등) 그 상품을 전문적으로 보여주기 위한 툴/어플도 있고, 본인이 직접 못한다면 재능기부 사이트를 이용해 저렴한 비용으로 손쉽게 고퀄리티의 페이지를 만들 수 있다.

교육은 유튜브나 기업 교육처럼 무료로 제공해주는 곳도 있고, 전문적이고 좋은 내용을 집대성한 책도 많다. (네이버 파트너스스퀘어, 구글 애드워즈 온라인 세미나 등) 우리는 상품/서비스를 업그레이드하기에 가장 최적의 시대에 살고 있다.

3단계 | 상품을 알리는 단계

이제부터가 진짜로 중요한 단계이다. 앞선 정보만으로는 수익화가 어려웠지만, 이젠 다르다. 고객은 이미 호의를 품은 상태에서 다음 스텝이 무엇이 있을지 기대한 채로 당신이 마련해 놓은 보금자리에서 눈을 반짝이고 있다.

이때부터 필요한 것은 고객 한 사람을 소중히 여기는 마음과 그 마음을 뒷받침해줄 상품/서비스이다. 그리고 여러분은 이 한마디만 하면 된다.

"여러분들이 기다리던 상품, 드디어 출시했습니다! 지금 사세요!"

실제로 필자는 수강생분들의 의견을 듣고, 〈습관 글쓰기〉라고 하는 글쓰기 심화 교육과정을 오픈했다. 그 과정은 기수별로 진행했다. 현재 3기까지 진행했고, 기수마다 오픈 후 하루도 안 되어 매진이 되고 있다. 그 이후엔 블로소득이라는 블로그 방문자 성장 프로젝트를 만들었다. 마찬가지로 3기를 운영 중인데, 1기 30명 마감, 2기 50명 마감했고, 3기도 순조롭게 마감을 했다.

중요한 것은 이때 정직하게 모든 통계를 고객분들이 볼 수 있도록 공개했다는 것이다.

수강생의 솔직리뷰 〈조회수 1기〉

1주 방문자수	4주 방문자수	방문자 증가	방문자 증가율
1	577	576	57700%
1	194	193	19400%
1	51	50	5100%
10	499	489	4990%
8	214	206	2675%
36	396	360	1100%
67	686	619	1024%
28	235	207	839%
32	262	230	819%
1,187	7864	6677	663%
84	524	440	624%
193	796	603	412%
129	503	374	390%
8	30	22	375%
266	689	424	260%
102	236	134	231%
242	548	306	226%
300	609	309	203%
74	129	55	174%
381	427	46	112%

최소 2배 ~ 최대 570배
1,187명에서 7864명까지

수강생의 솔직리뷰 〈조회수 2기〉

~ 최대 838배
48명에서 4806명까지

수강생의 솔직리뷰 〈조회수 3기〉

블로그 진단지수	1주 방문자수	4주 방문자수	방문자 증가량	방문자 증가율
준회적 2단계	58	3453	3,395	5853.45%
준회적 2단계	152	3039	2,887	1899.34%
준회적 4단계	4	1692	1,688	42200.00%
준회적 3단계	14	1527	1,513	10807.14%
준회적 3단계	708	1214	506	71.47%
준회적 3단계	262	970	708	270.23%
준회적 4단계	134	952	818	610.45%
준회적 2단계	213	920	707	331.92%
준회적 4단계	1	732	731	73100.00%
준회적 2단계	366	730	364	99.45%
준회적 2단계	62	442	380	612.90%
준회적 3단계	213	329	116	54.46%
준회적 2단계	278	306	28	10.07%
준회적 2단계	92	302	210	228.26%
준회적 2단계	83	148	65	78.31%
준회적 2단계	30	52	22	73.33%

58명에서 3453명까지
152명에서 3039명까지
~ 최대 731배

이런 통계적 결과가 믿을 수 있는 Loss Leader 역할을 해주었다고 생각한다.

여러분들이 Loss Leader를 먹음직스럽게 잘 준비했다면 당연히 이렇게 될 수 있다. 구매가 이루어진다면 여러분이 이 단계에서 무조건 해야 할 일이 있다.

그 상품에 대한 평가를 투명하게 받는 것

즉, 리뷰를 남기는 것이다.

이 과정은 상당히 중요하다. 여러분이 리뷰 없는 제품을 구매한 적이 있는지, 잘 생각해보라. 저렴한 간식 하나를 사더라도 리뷰가 좋은 제품을 사지 않는가? 리뷰는 여러분의 상품에 대한 가치이자, 상품을 알리기 가장 좋은 요소이다. 그런 리뷰는 되도록 SNS에 받으면 좋다. 어떻게 해서든 상품이 하나라도 더 남들에게 알려지도록 하는 것이다.

강의 후기 링크
https://blog.naver.com/jihoon8912/222178893688

필자 역시 리뷰가 많았지만, 한곳에 모여있지 않고 흩어져 있었다. 그것을 한번 모아봤더니, 2,000여 개가 넘었다. (이 방식은 너무 비효율적으로 리뷰를 모으는 것 같아서, 스마트스토어로 리뷰를 옮기는 중이다.)

4단계 | 상품을 확장하는 단계

3단계에서 여러분의 메인 상품까지, 원활한 판매가 이루어졌다면, 상품과 리뷰가 남아있는 상태일 것이다. 사실 이것만으로 충분하다. 믿을 수 있는 제품 + 믿을 수 있는 후기의 콤비네이션은 시장에서 깨지기 어려운 조합이다. 인지도와 상품성이 확실하면 그때부터 가격조차 문제가 되지 않는다. "명품"이 비싼데도 잘 팔리는 것도 믿을 수 있는 퀄리티의 제품과 그 가치를 인정해주는 두터운 팬층이 있기 때문이다.

이 다음 단계는 무엇인가? 새로운 먹거리를 찾고 개발하는 단계다. 이 단계도 지금까지의 단계를 잘 이뤄낸 사람들에게는 하나도 어렵지 않다. 왜냐하면 여러분은 똑같이 한마디만 하면 된다.

"여러분들이 필요한 것은 무엇인가요?"

지금 필자가 반복해서 이야기 하는 키워드가 있다. 바로, "여러분들이 필요한 것"이다. 본인이 아무리 좋다고, 잘 만들었다고 생각해봤자 아무런 의미가 없다. 고객에게 필요한 물건이 아니라면 팔리지 않는다.

실제로 이런 과정을 거치다보니, 2021년부터는 기업 강의도 꾸준히 문의가 들어오고 있다. 1:1로 컨설팅 요청을 하거나, 블로그 관리를 해달라는 요청도 들어오고 있다.

필자를 예로 들며 정리해보자. 여기서 필자의 2만원짜리 강의는 어떤 단계에 해당할까? 참고로, 현재는 검색하면 강의비용 및 랭킹 순서는 바뀌어 있다.

1단계. Loss Leader에 해당한다. 그리고 그 역할을 너무 잘해주고 있다. 네이버 스마트스토어에 "블로그 강의"라고 검색하면 필자의 상품이 첫 번째에 올라와 있다.

필자는 일반 수강생들에게 강의를 비싼 값에 팔기를 원하지 않았다. 기초적인 교육을 최대한 많은 분들에게 해주고 나면, 그 다음에는 새로운 니즈(Needs)가 생겨나고 그 니즈가 필자가 생각한 **상품 확장**의 개념이다.

한 가지 더 이야기 하자면, 필자는 블로그의 수익화 구조에 대해서도 개선할 여지가 있다고 생각하고, 광고주와 블로거를 모집하고 있다. (이미 이쪽으로도 **상품 확장**을 하기 위해서 새로운 실험을 준비 중이다.)

혹시라도, 관심이 있는 분들이라면 아래 메일로 문의해주면 좋겠다.

문의 메일 | jihoon8912@naver.com

07 .... 세일즈의 핵심 = XX를 잃지 않는 것.

상품은 사람이 구매하므로, 사람의 마음을 움직일 수 있는 포인트를 알아내고 전략을 잘 적용할 수만 있다면 성공할 수 있다. 그 최고봉이 무엇인가?

바로 신뢰를 잃지 않는 것이다.

고기를 판다면 손님들에게는 항상 신선한 고기로 대접해야 신뢰를 지킬 수 있다. 교육을 판다면, 항상 정직하게 누구나 쉽게 잘 이해할 수 있도록 알려주어야 신뢰를 잃지 않는다.

더욱이 이 전략은 상품에 따라, 고객에 따라 어필해야 하는 포인트가 달라질 수 있기에 책에서 모든 부분을 다루기에는 어려운 부분이 있다. 허나, 여러분이 직접 고객분과 1:1로 만나 소통하고 이 책에 나온 전략을 배우고 실천 한다면 신뢰를 잃지 않을 것이다.

돈보다 중요한 것이 신용인데, 그 신용은 하루아침에 만들어지지 않는다. 짧게는 6개월 길게는 1년은 있어야 사람들이, 고객들이 여러분들을 믿기 시작한다. 요즘은 워낙 광고도 많고 홍보도 많아서 제대로 된 정보와 제품을 걸러내기조차 힘들다. 필자 역시 그저그런 광고에 속아서 제품을 구매하고 후회한 적이 여럿 있다. 이런 세상에서 살고 있기에, 신뢰를 지키고, 신용을 만드는 것이 여러분의 경쟁력이 된다.

처음 해본다면 시간이 걸릴 것이다. 허나, 뭐든지 한걸음, 한사람부터이다. 가장 가까운 고객의 마음을 헤아리고, 거기에서부터 출발한다면, 여러분이 오프라인에서는 수익조차 내기 힘든 상황일지라도, 온라인에서 쉽게 돈을 벌 수 있는 수준까지는 만들어 줄 수 있다고 필자는 자신한다.

유튜브나, TV, 언론에서 나오는 쉽게 돈을 번다는 이야기나, 편하게 돈을 번다는 이야기에 너무 현혹되지 않았으면 좋겠다. 천천히 자신 있는 분야의 고객 한사람을 만족시켜주다보면, 어느샌가 돈은 따라오기 마련이다. 성공한 부자들은 딱 이거 하나만 강조한다.

"고객과의 신뢰를 지켰습니다."

이보다 훌륭한 조언은 없다고 생각한다. 이번 챕터를 통해서 고객에게 믿음을 주고 더 큰 믿음을 주는 방법을 배웠으면 좋겠다.

08 ···································· 결국 존버는 승리한다.

블로그 하면서 타이틀, 대문도 잘 바꿨는데 사람이 안모이고, 돈을 못 번다고 하소연 하는 분들이 있다. 그분들에게는 딱 한마디만 한다.

"블로그 얼마나 하셨나요?"

위에서 말했던 3명의 유튜버를 마지막으로 한번만 더 언급하자면, 정다르크는 25살에 올라와서 29살에 성공하기까지 4년의 시간을 투자했고, 자청은 22살까지는 히키코모리로 살다가 30대 초반이 되어 8년만에 연봉 10억이 되었다고 하고, 신사임당의 창업다마고치는 1편부터 40까지 거의 10개월이 넘는 시간을 투자해서 결과물을 만들어냈다.

4년, 10년, 10개월. 어느 하나 짧은 기간이 없다.

즉, 이 분들은 모두 자신이 성공할 것이라고 생각한 분야에서 존버를 외쳤기에 승리할 수 있었다고 생각한다. 여러분들은 지금 어떤 상황에 놓여있는가? 한 가지를 꾸준히 파면서 노력하고, 자신의 실수나 실패를 거울 삼아서 지속적으로 발전을 하고 있는가? 아니면, 한가지를 조금 해보다가, 결과물이 빠르게 나오지 않아, 다른 방법을 더 빠른 방법을 찾아 기웃거리고 있는가?

성공하는 마케팅 전략과 이론은 확실히 있다고 생각한다. 그것을 포기하지 않고 꾸준히 한다는 전제하에서 말이다. '누가 얼마나 꾸준히 하느냐',

'그 이론과 전략을 얼마나 디테일하게 갈고 닦아 자연스럽게 하느냐'가 성공한 사람과 실패한 사람을 가른다.

실제로 기업에서도 신제품을 개발하기 전에는, 아이디어와 마케팅 전략에서부터 수익화를 어떻게 할지 준비한다.

아이디어 창출 ➜ 아이디어 평가 ➜ 제품개념의 개별과 테스트 ➜ 마케팅전략과 사업성 분석 ➜ 제품 개발 ➜ 시험 마케팅 ➜ 상업화

위 단계[6]를 거치는 데 보통 얼마만큼의 시간이 걸릴까? 속도가 빠르기로 유명한 패션업계도 신제품이 나오는 데 6개월이 걸리고, 새로운 스마트폰 하나가 출시하는 데에는 1년 가까이 소요된다. 심지어, 이렇게 시간을 투자하고도, 실패를 하는 경우가 발생한다.

1년 안에 성공하기가 과연 쉬울까 어려울까? 단기간이 아닌, 장기적인 관점으로 봤을 때, 성공하기 위해서는 얼마만큼의 시간을 투자할까에 초점을 맞춰야 한다.

코로나 이전의 세상에서도 마케팅이 중요했지만, 코로나 이후의 세상에서는 훨씬 더 중요해졌다. 우리는 제대로 된 마케팅으로 성공할 수 있다는 것을 앞서 설명한 유튜버 세 명의 사례를 통해서 알았다. 이제 우리에게 남아 있는 것은 단 하나, 한가지 자신이 꼭 하고 싶은 영역을 선택한 뒤에 존버하는 것이다.

---

6) 4차산업혁명 지식서비스 (4IR)

부록

걸어도 되는 블로거 링크? 완벽정리!

가볍게 체크해본 애드포스트 수익

말도 많고 탈도 많은 블로그 알바

블로거들의 공포…, 저품질이란?

해당 내용은 본문에서 언급하기엔 애매한 카테고리였지만, 블로그를 시작하려는 사람들이라면 꼭 필요한 내용이 몇 가지 있기 때문에 부록으로 정리한다.

01 .... 걸어도 되는 블로거 링크? 완벽정리!

블로그 링크에 관한 이야기가 정말 많다. 어떤 사람들은 블로그에 다양한 링크를 걸면 문제가 된다고 하고, 또 어떤 이들은 링크를 많이 걸어야 사람들이 많이 본다고도 하는데… 일단 블로그에 링크 거는 법을 모르는 사람들을 위해, 이에 관하여 짧게 정리한 후 자세히 이야기해 보려 한다.

사이트가 보이도록 링크 걸기

특정 사이트(카페, 유튜브, 홈페이지)의 링크를 블로그에 첨부하기 위해서는 단순하게 그 주소를 복사해서 붙여 넣기만 하면 된다. 필자가 예전에 찍었던 '어떤 블로그가 수익화하기 좋을까?' 영상의 유튜브 링크를 예시로 들어보겠다.

유튜브 영상을 공유하기 위해서 공유 버튼을 누르면 아래와 같은 화면이 뜬다. 링크 주소를 복사하여, 블로그에 붙여넣으면 아래와 같이 유튜브 링크와 영상 썸네일이 함께 나온다.

이때 썸네일 위에 있는 링크는 삭제해도 된다. 링크를 삭제하더라도 영상이나 사이트를 보여주기 위한 링크 아래 화면은 사라지지 않기에, 지저분한 링크는 없애고 영상 썸네일만 보여줄 수 있다. (초보자분들은 주소도 넣고, 아래 썸네일 링크도 같이 넣는 경우가 많다.)

실제로 유튜브 링크는 지웠지만, 섬네일을 클릭했을 때 유튜브 영상은 문제없이 재생되는 것을 확인할 수 있다.

글자에 링크 넣기

필자는 블로그에서 이전에 작성한 칼럼들을 표기할 때 모든 글자에 링크를 걸었다.

> **이전 칼럼**

이 기능을 실행하는 것 역시 어렵지 않다. 링크를 걸 문자를 작성하고 그것을 블록 처리하라. 그러면 아래와 같이 폰트나 글자 크기를 수정할 수 있는 박스가 나온다. 그 상태에서 화면 상단에 있는 클립 모양의 버튼을 누르고, 아래에 URL을 입력하면 된다.

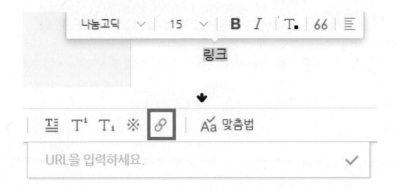

이미지에 링크 넣기

상기 내용과 마찬가지이다. 이미지를 하나 선택하고, 클릭하라. 그러면 아래와 같이 표시된다. 이제 2번과 동일하게 클립 모양을 누르고, 링크를 넣으면 된다.

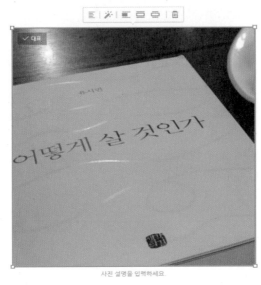

사진 설명을 입력하세요.

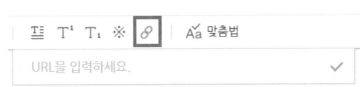

자, 중요한 부분은 지금부터이다.

블로그 링크, 어떤 게 좋고 나쁜지 생각해 본 적이 있는가?

무작정 링크를 달면 좋지 않다, 혹은 좋다는 이야기에 휩쓸리던 초보 블로거들에게는 이하 내용이 정말 중요하니 유심히 읽었으면 한다. 기본적으로 링크는 다른 사이트로 연결을 해주는 도구 중 하나일 뿐이다. 그리고, 그 링크를 달 수 있도록 네이버 블로그는 기능을 제공해 주고 있다.

이에 따라 기본 전제부터 깔고 들어가자면, **링크를 삽입하는 것은 블로그에 악영향을 주지 않는다.**

필자 역시 유튜브, 홈페이지, 스마트스토어, 심지어는 카카오 오픈채팅 링크를 걸기도 하지만, 상위 노출이 다 잘되고 있다. 그러니 링크를 넣으면 블로그에 문제가 된다는 카더라 통신과 소문에는 더이상 휘둘리지 않았으면 좋겠다.

이제부터가 본론이다. 블로그에 악영향을 주는 링크가 있을까? 필자의 대답은 YES이다. 링크 자체가 문제가 되지는 않지만, 어떤 링크를 거는지는 문제가 된다. 문제가 되는 링크들은 잘 생각해 보면 정말 상식적인 선에서 설명될 수 있다.

네이버에 손해를 끼치는 링크

자, 그러면 가장 핫한 이슈인 쿠팡파트너스 링크 저품질에 대해 이야기를 해보자.

"쿠팡파트너스 링크를 블로그에 걸었더니 상위 노출이 안 돼요."

필자가 가장 많이 받는 질문이다. 반대로 여러분에게 물어보자. 네이버 입장에서 쿠팡파트너스 링크를 상위에 노출시켜야 할 이유가 있는가? 네이버와 쿠팡은 직간접적으로 경쟁 관계이다. 실제로 이커머스 사업에서 네이버 쇼핑과 쿠팡은 국내 2대 온라인 쇼핑 플랫폼으로 양강 구도를 펼치고 있고, BM(Business Model) 역시 겹치는 부분이 많다.

여기서 문제. 우리가 사용하는 네이버 블로그는 무료인가? 잘 생각해 보면 네이버에서 블로그에 글을 쓴다고 우리에게 돈을 받지는 않는다. 그렇지만, 이 블로그라는 시스템을 유지하기 위해서 비용이 0원이 들까? 필자는 개발자 출신이고, 실제로 전산실과 서버실에도 들어가 본 경험을 바탕으로 이야기하자면 대답은 No이다.

네이버 블로그를 유지하려면 사실 막대한 비용이 소요된다. 블로그를 사람들에게 라이브로 공급하기 위해서는 서버 호스팅 비용이 필요하고, 블로그의 데이터를 저장하기 위해서는 데이터베이스 운영 유지비가 든다. 당연히 여기에는 개발자들의 인건비도 포함된다.

그렇다. 결국 네이버는 유저들에게 무료로 블로그를 개방하기는 하지만, 결국 누군가는 돈을 내고 있다. (그게 네이버다.)

다시 질문 하나 하겠다.

당신이 막대한 비용을 들여서 가게를 하나 만들었는데, 그 가게에 들어와서 가겟세도 내지 않고 허가 없이 영업하는 사람이 있다면 가만히 두겠는가? 쿠팡파트너스를 네이버 블로그에 올린다는 것은 바로 그런 의미이다. 남의 영업장에 와서 횡포를 부리는 행위.

물론 블로거인 우리 입장에서는 억울한 일이다. 시간과 비용을 들여서 열심히 네이버 블로그를 키웠는데, 제대로 된 보상을 주지 않는다. 애드포스트 비용? 글 쓰는 노고를 생각하면 최저시급도 안 된다. 그렇기에 우회적으로라도 수익을 창출해보려고 하는데 이마저 막는다니, 너무하다는 생각도 든다. 그런데 어쩌겠는가? 네이버도 남 좋은 일 시키려고 블로그 사용권을 무료로 배포한 것은 아니니 이해는 간다. 다만 개인적인 의견으로는 애드포스트 수익이 지금의 4~10배는 되어야 최소한 블로거가 다른 데 한 눈 팔지 않고 블로그 글쓰기에 집중할 수 있을 것으로 생각한다.

이제 네이버와 쿠팡에서 벗어나서, **마지막 질문**이다. 여러분들이 블로그에 거는 링크가 네이버에 도움이 되는가? 아니면 남의 영업장에서 훼방을 놓으면서, 네이버의 수익 창출을 방해하는 것인가?

이런 기준만 잘 판단한다면 여러분들이 블로그 링크로 무엇을 걸어야 할지 스스로 판단할 수 있다. (제휴 마케팅, 영업, 쿠팡파트너스, 사기, 도박, 불법 사이트, 주식투자 권유, 등등 네이버 블로그를 위협하는 링크는 네이버에 결코 선택받지 못할 것이다.)

02 .... 가볍게 체크해본 애드포스트 수익

지금까지 필자가 어려운 마케팅 전략과 미래적인 이야기만 늘어놓았다면, 이번에는 즉시 실천할 수 있는 블로그 활용법을 예시로 마케팅 전략에 관해서 이야기해보려 한다.

아무래도 네이버에서 제공해 주는 가장 기본적인 수익 모델이니만큼 가볍게 다룰 예정인데, 평생직업까지는 못 만들어도 1주일에 1번 치킨 정도는 사 먹을 수 있는 용돈을 벌어주기도 하고, 전략적으로 현명하게 운영하면 직장인 월급만큼의 돈을 받을 수도 있다.

애드포스트 수익은 네이버에서 블로그를 운영하는 사람이라면 누구나 신청할 수 있다. 해당 기능을 마케팅의 범주에서 보자면 CPC 광고의 형태이다. (유사한 CPC 광고 형태에는 제휴 마케팅과 구글 애드센스가 있다.)

애드포스트 수익의 활성화 조건은 아래와 같다.

네이버 애드포스트 신청 및 통과 조건

❶ 신청 조건 : 블로그 생성일 90일 이상
❷ 통과 조건 : 전체 방문자 10,000명 이상 / 일 방문자 100명 이상 / 포스팅 50개 이상

혜자포터가 직접 새로운 블로그를 생성하고 등록해 본 결과 위 조건 중에 한가지 또는 2가지를 달성하면 애드포스트 통과가 되는 것을 확인했다.

미디어 등록 보류 케이스

등록을 했더라도 콘텐츠나 조회 수가 없다면 미디어 등록이 보류될 수 있다. 미디어 등록이 보류되는 대표적인 이유는 사람들이 여러분들의 글을 읽지 않거나, 블로그의 조회 수가 낮아서다(이것을 해결하기 위해서라도 제대로 된 블로그 교육이 필요하다). 어떤 글을 쓰는지, 그 글을 사람들이 보는지와 같은 최소 조건을 통과하지 못한다면 등록조차 할 수 없기 때문이다.

혜자포터가 만든 미디어 등록 보류 상태의 신생 블로그.

따라서 위 조건을 충족하지 못했다면 마구잡이로 신청하지 말고, 교육을 받거나, 본인이 노력을 해서라도 일 방문자 수 100명 이상을 만들고 포스팅을 50개 정도 채워야 한다. 그 이후에 신청하면 높은 확률로 빠르게 통과될 것이다.

네이버 애드포스트 설정 방법

내 블로그 ➡ 관리 ➡ 전체 보기 ➡ 애드포스트 설정에서 설정할 수 있다.

애드포스트 설정에는 '애드포스트 사용 설정', '본문 광고 사용 설정', '본문 광고 위치 선택' 등 세 가지 선택항목이 있는데, 우리는 이 중에서 **본문 광고 위치 선택**을 중요하게 보아야 한다.

'본문 광고 위치 선택'에서 '모두(기본)'를 선택했을 때는 본문과 하단 두 군데에 광고가 게재되고, '중간'을 선택했을 때는 가장 적합한 곳에 광고가 노출된다. 이 두 가지가 사실 가장 중요하다.

'모두(기본)'을 선택했을 때는 광고가 두 개씩 달린다는 것이 장점이지만, 엉뚱한 위치에 광고가 달리게 되면 사람들이 클릭하지 않는다. '중간'으로 설정했을 때는 사람들이 보기에 적합한 위치에 놓여 있기에 한 번쯤 클릭해 본다.

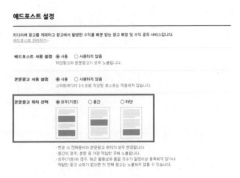

이 중에 무엇을 선택하는 것이 좋을까? 케이스 바이 케이스이다. 여러분의 광고나 소재가 일반적이고, 글 내용과 관계가 없어도 방문객이 클릭할 만한 광고들을 선택했다면 모두 '기본'으로 설정하는 것이 좋다. 본인이 원하는 주제나 소재가 명확하다 싶으면 '중간'으로 세팅해서 광고가 적절한 위치에 놓이게 하면 된다. 이것이 바로 CPC 마케팅 전략이다.

보통 마케팅 회사에서는 AB 테스트를 거쳐서 가장 최적으로 광고를 노출할 수 있는 위치를 통계적으로 찾아내는데, 네이버의 경우에는 자동으로 세팅된 것을 블로거가 일일이 수정해야 하는 셈이다. (광고 위치, 광고 소재 등)

일일 수익

필자의 수익은 날마다 천차만별이다. 1,000원을 벌 때도 있고 9,000원을 벌 때도 있다. 통계적으로 생각했을 때 보통 클릭 1회당 1~3원 정도의 수준이다.

평균 하루에 6,000원이면 한 달에 18만 원이다. 한 달에 18만 원이면 온라인 건물주로 20만 원짜리 월세를 받으면서 생활할 수 있다고 생각하면 된다. (물론 필자는 최저 수익과 최고 수익의 갭이 커서 한 달에 12만 원 정도 나오는 듯하다.)

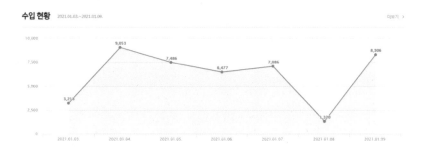

이용 제한 이력 및 해지 방법

아래 사진을 보면 현재 잔액과 최근 지급액, 전환 가능 금액 등이 있는데
이 중에서는 이용 제한 이력을 눈여겨봐야 한다. 이용 제한 이력은 네이버에
서 해서는 안 되는 광고를 했을 경우 생긴다.

이것은 초보자라면 특히 조심해야 하는 부분이기에 언급한다. 실제로 필
자가 이를 늦게 깨닫는 바람에 거의 한 달 동안은 수익이 제대로 나오지 않
은 적이 있다. 그 내용에 대해서는 아래에서 자세히 설명하도록 하겠다.

만약에 여러분들도 이런 잘못된 방식으로 애드포스트를 이용했을 때는 이
용 제한에 걸릴 가능성이 크고, 이용 제한에 3회 걸리게 되면 더이상 애드포
스트를 쓸 수 없으니 주의해야 한다.

게재 제한 해제는 **애드포스트 홈페이지 ➜ 내 정보 ➜ 이용 제한 이력 ➜
미디어 이용 제한 이력 ➜ 게재 제한 해제 요청**에서 신청하면 된다.

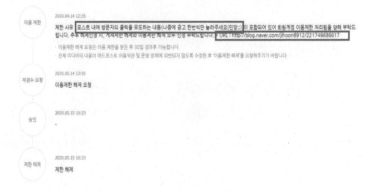

광고 수익 늘리는 방법

두 번째로 중요한 것은 여러분의 블로그에 어떤 광고를 송출할 것인가? 이다. 이것은 우리 블로거들이 직접 설정할 수 있는데, **미디어 관리 ➜ 미디어 설정 ➜ 미디어명**에 들어가서 본인의 블로그 이름을 클릭해주면 된다.

실제로 위와 같이 접속하면 아래 사진과 같이 '미디어 정보'와 '선호 주제 설정'이 나온다. **이것이 핵심이다.** 여러분들이 어떤 선호 주제를 설정하느냐에 따라서 여러분들의 광고비가 천차만별로 달라질 수 있다. 아래 사진을 보면 선호 주제 설정이 있고, 이것은 네이버 카테고리 분류법을 따른다.

다음 사진을 보면 필자가 4월과 5월에는 이용 제한에 걸리는 바람에 수익이 떨어졌으나, 그 이후 다시 올라가다가 수익이 재하락하는 구간이 있다. 광고 주제들을 변경해 포스팅을 작성했을 때의 시기이다.

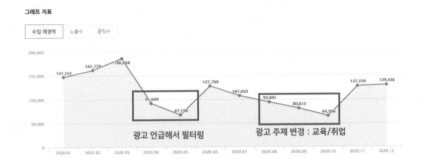

그래프 지표

광고 언급해서 필터링 광고 주제 변경 : 교육/취업

필자의 블로그는 상품 리뷰나 블로그 교육을 중점적으로 하고 있는 블로그인데, 선호 주제를 광고 리뷰·상품 리뷰 위주로 설정했을 때는 월평균 10만 원에서 12만 원 수준의 금액이 나왔으나 교육·취업으로 광고 주제를 변경하자 애드포스트 수익이 떨어졌다.

소재 선택이 중요하다. 어떤 것들이 비싸고 좋은 소재일지는 스스로 찾아보아야 한다. 소재 선택에 대해 간단한 팁을 알려주자면, 네이버 광고의 키워드 도구를 이용해보면 된다.

위에서 예시를 들었던 롱패딩이란 키워드를 가지고 테스트를 해보자.

방법은 간단하다.

❶ 특정한 키워드를 네이버광고 - 키워드도구에 입력한다.
❷ 모바일/PC 순으로 조회 수가 높은 순으로 정렬한다.
❸ 정렬된 순서 중에 원하는 키워드만 추가 버튼을 누른다.
❹ 월간 예상 실적보기를 클릭한다.

위와 같은 세팅이 끝나면, 아래와 같이 그래프가 있는 화면으로 전환된다.

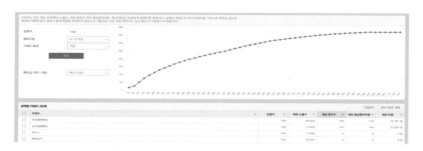

여기서 확인해야 하는 것은 입찰가 / 예상 클릭 수 이다.

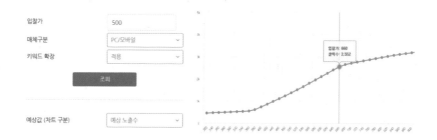

　예를 들어 위와 같이 입찰가 500원을 적었다면, 다른 사람이 여러분의 블로그에서 롱패딩과 관련된 광고가 떴을 때 클릭을 하면 여러분들에게 500원이 들어온다. 이것은 금액적인 부분이기에 단순하다. 허나, 예상 클릭 수를 살펴보면 조금 더 복잡해진다.

입찰가 ⇕	예상 노출수 ⇕	예상 클릭수 ▼	예상 평균클릭비용 ⇕	예상 비용 ⇕
500	118,384	856	406	347,705 원
500	55,379	132	406	53,618 원
500	15,620	2	472	943 원
500	49,980	365	456	166,282 원

각각 다른 키워드로 입찰가를 500원으로 세팅했을 때, 어떤 것은 856번 클릭을 하고, 어떤 것은 2번밖에 클릭을 안 한다고 한다. 그러면 여기서 본인의 블로그에는 어떤 키워드의 광고가 올라오는 것이 좋을까?

두말할 것 없이 856번 클릭하는 키워드가 들어오면 좋다. 저 중에서 몇 번만 자신의 블로그에서 클릭이 이루어지면, 500 * 횟수만큼 애드포스트 비용을 벌 수 있을 테니 말이다.

이 키워드가 뜨도록 블로그를 조작할 수 있는가? 라는 생각이 들 텐데 그 것이 불가능하다. 네이버에서 제공해주는 기능으로는 불가능하다. 다만, 주제를 다르게 해서 테스트하는 것은 가능하고, 비싼 키워드를 유추할 수 있다. 그런 고단가의 키워드가 모여있는 주제를 찾을 수도 있다. 그것이 여러분들의 네이버 애드포스트 수익을 올려줄 것이라 확신한다.

CPC 광고의 작동 원리

위에서 설명한 내용을 전문 용어로는 CPC(Cost Per Click) 광고라고 한다. 즉, 클릭 한 번으로 비용이 지출되는 광고모델을 의미한다. (마케터 입장에서) 나중에 퍼포먼스 마케팅하시는 분들에게 물어보면 자세히 알려줄 테지만… 질문은 신중히 하길 바란다. 그분들, 굉장히 정신없이 바쁘게 산다.

오른쪽 사진을 보면 노출 수, 클릭 수, 클릭률을 의미하는 CTR, 그리고 수입 예정액이 있다.

날짜	미디어		노출수	클릭수	클릭률(CTR)	수입예정액(원)
2020.11.	숨은1% 까지 진심을 다해서	+				
	오늘의 리뷰	+				
2020.12.	숨은1% 까지 진심을 다해서	+				
	오늘의 리뷰	+				
합계	숨은1% 까지 진심을 다해서	+				
	오늘의 리뷰	+				

보통 이런 광고 수익을 얻는 공식은 **수익 = 클릭당 단가 × 클릭 수**이다. 네이버는 조회 수 1~2원 정도로 책정이 된다고 생각하면 편하다. 필자는 이것이 싫어서 구글 애드센스로 넘어갔다.

여담이지만 구글 애드센스의 경우에는 방문자가 1,000명 정도 되는 블로그라면 하루에 만 원에서 만 오천 원 정도의 수익이 나온다. 이에 관한 내용은 아래에 첨부해 두었다. 만일 광고 수익을 원하는 사람이 있다면 구글 애드센스가 더 효율적이라고 생각한다. 이 역시 열심히 운영해서 만들어낸 결과이니, 쉽게 수익을 얻었다고 생각하지 않았으면 좋겠다. (오히려 이 방법이 더 어려울 수도 있다.)

날짜 ↑	혜자포터 구글애드센스 수익	예상 수입
전체		**US$96.77**
2021년 1월 1일 (금)		US$7.63
2021년 1월 2일 (토)		US$4.64
2021년 1월 3일 (일)		US$10.94
2021년 1월 4일 (월)		US$10.70
2021년 1월 5일 (화)		US$8.41
2021년 1월 6일 (수)		US$14.04
2021년 1월 7일 (목)		US$12.94
2021년 1월 8일 (금)		US$12.09
2021년 1월 9일 (토)		US$13.57

이번 챕터에서는 모든 블로거가 수익을 낼 수 있는 방법에 대해 이야기 했다. 왜 마케팅 전략과 조회 수, 그리고 노출이 중요한지를 알 수 있는 가장 기본적인 특화 방법에 대해서 알려 주었다.

03 .... 말도 많고 탈도 많은 블로그 알바

위에서 CPC의 기본 형태인 네이버 애드포스트를 알려주었다. 이를 시도해 본 블로거들이라면 알겠지만, 정말 수익이 짜다. 이 돈으로 글을 쓰려니 시간이 아깝다.

어느 순간부터 이런 생각이 들 것이다. '내가 이렇게 시간을 내고, 글을 쓰고, 사진을 찍으며 죽어라 고생했는데, 들어오는 돈이라고는 500원 수준. 그냥 하지 말까…?' 아니면 '더 돈을 벌 수 있는 방법은 없을까?' 그런 수익에 목마른 블로거들의 니즈와 광고회사들의 홍보력이 결합한 수익화 케이스가 있다. 바로 **블로그 알바**이다.

블로그 알바의 종류에는 사실 여러 가지가 있고, 안전하게 참여할 수 있는 방법도 존재한다. 다만 그것을 초보 블로거나 일반 블로거가 걸러내기 어려울 뿐이다.

이런 블로그 알바에 대한 썰은 여럿이 있다. 월 2~300만 원을 쉽게 벌 수 있다는 간편 고수익 썰. 블로그 알바를 잘못하면 저품질 블로그가 되어 블로그가 날아간다는 썰 등이다.

사실 이것은 광고주의 잘잘못이나 위법 여부를 따지기보다는, 광고회사에도 최신의 트렌드를 잘 읽는 회사와 아직 기존 트렌드를 벗어나지 못한 회사가 있어서 발생하는 문제라고 생각한다.

광고대행사 및 광고사 분들과의 접촉이 많은 사람 입장에서 한마디 보태자면, 광고업체 중에서도 자신의 블로그가 아니니 마구 굴려서 본인 회사의 수익을 내려는 못된 사장님 회사와 양질의 블로그를 많이 늘리고 신뢰를 쌓아서 서로 잘살아 보려는 착한 사장님 회사가 있다고 생각하면 좋겠다.

결국에는 **어떤 사람과 함께 하느냐**가 가장 중요한 키포인트이다.

안녕하십니까

블로그에 정성껏 포스팅 된
내용을 보고 연락드렸습니다.

저희는 항상 새원고 새사진을 준비해드리면
포스팅만 해주시면 되는 간단한 업무입니다.

저희가 월 300만원에서 최대 500만원까지
벌어가실 수 있도록 열심히 노력하겠습니다.

불편하시더라도 저에게 카톡이나 문자 전화
주시면연락드리겠습니다^^

안녕하세요 ^^^^ ██████ 라고 합니다! ^^
BLOG 포.스팅 섭외 의뢰차 쪽지를 드리게되었습니다^^
기존의 스타일처럼 사진과 본문을 모두 드리니 간.편하게 업로드만 해주시면 되시는
일이랍니다:)
〈물론 처음으로 하시는분들도 가능하구요 〉
원하시는 분야에 맞는 일감만 드리구요~!
원~고와 원~본이미지는 유.사확인후 완전 새것만 보내드리기때문에 품질 걱정은 안
하셔도 되세요~!
지.수판,.리나 기타 정보도 함께 공유하고 상.담해드리면서 오래 같이가실 블로거분들
을 찾고 있습니다:)

저희와 함께 하시는 분들은 수년째 블-로-그를 잘 키워나가고 있답니다! 이.부분은 정
말 자신할수 있어요:)
타 회사보다 N.사 로..직에 빠르게 대처하고 있습니다
그렇기때문에 저.품격정없이 오래오래 WINWIN 할수 있는 곳이랍니다^^
당~일 선~결/제로 작업 하고 있으니 더 메리트 있으실거에요 :)
이미 다른곳과 협업하고 계셔도 관계없이 업무 가능하세요^^ (주~말에도 원.고는 쭉
쭉 나와요^^)

오늘도 행복한 하루 되시구요~!
언제나 편하신시간에 회신주세요^^ 감사합니다 :)

실제로 위 두 가지 케이스는 필자가 가장 많이 받게 되는 블로그 알바 타입이고, 가장 해서는 안 되는 타입의 알바라고 말하겠다. 블로그로 사업까지 생각하고 있다면 위 형태의 알바는 절대로 하지 마라.

오해하지는 마라. 돈을 주지 않는다는 이야기는 아니다. 돈은 칼같이 계산해서 당일에 입금해주는 곳이 많다. 그러나 실제로 위와 같은 블로그 알바가 수익이 되는 것을 보고 블로그를 맡겼다가, 유사 문서·유사 이미지·대가성 포스팅 누적으로 열심히 키웠던 블로그가 날아가는 것을 수강생들에게서 수차례 목격했다.

더 큰 문제는 무엇이냐? 전문성이 없는 포스팅+본인이 선택하지 못하는 소재, 이것들이 가장 큰 문제이다. 생각해 보라. 당신이 열심히 육아용품과 관련된 글을 쌓아가면서 육아 블로거로 이름을 알리고 있었는데, 갑자기 차

량용품이나 IT 제품을 소개한다면? 네이버 입장에서든 그 블로그를 방문하는 이웃 입장에서든 불편함을 느낄 것이다.

알고리즘은 정직하다. 새로 도입된 인플루언서 시스템만 보더라도 그렇다. 전문적으로 한 분야에 대해 이야기하는 블로거를 밀어주는 것이 최신 트렌드다. 다이소나 종합쇼핑몰처럼 이것저것 잡다하게 홍보하는 블로그는 좋아하지 않는다. 하물며, 그것이 어딘가에서 짜깁기해서 만들어진 비슷비슷한 문서라면? 블로그 알바를 하면 저품질 블로그가 된다는 설이 바로 이 때문이라고 필자는 생각한다.

문제가 없는 블로그 알바는 없을까? 필자가 생각하는 안전한 블로그 알바에는 크게 2~3가지가 있다.

❶ 제휴 마케팅 형태

제휴 마케팅은 쉽게 말하면, 제휴사의 제품·서비스를 홍보해주는 대가로 커미션을 받는 형태이다. 대표적으로 텐핑, 애드픽, 쿠팡파트너스, 아마존 어필리에이트, 아이허브 등이 있다.

제발 부탁인데, '제휴 마케팅=쿠팡파트너스'라는 등식은 생각하지 않기를 바란다. 유튜브에서는 너도나도 쿠팡파트너스로 돈을 벌 수 있다고 홍보한다. 엄밀히 말해, 그것은 블로그 전체 생태계에도 도움이 되지 않을뿐더러, 본인 블로그에도 좋지 않다. 네이버 블로그의 경쟁사가 쿠팡인데, 쿠팡에 관한 글을 네이버 블로그에 올리면 좋아할까?

그러니 쿠팡파트너스를 하는데 저품질 블로그가 되면 어떻게 하느냐는 말이나 저품질 없이 쿠팡파트너스 운영하는 법을 알려달라는 말은 더이상 하지 않았으면 좋겠다.

가장 가까운 곳에서 제휴 마케팅의 형태를 찾자면, 지금 네이버에서 진행하고 있는 네이버 플러스 멤버십 가입이벤트가 있다.

위 사진은 네이버플러스 멤버십의 이벤트 페이지 일부이다. 해당 링크를 통해 가입하면 나도 5,000원을 벌고, 나를 추천인으로 등록한 가입자도 5,000원을 버는 구조이다. (현금이 아닌 네이버 페이 포인트이긴 하지만…) 잘 찾아보면 이런 형태의 제휴 마케팅들도 굉장히 많다. 신규 홈페이지, 신규 서비스를 잘 찾아보라.

❷ 협찬 + 원고료 형태

필자가 가장 선호하는 타입은 이 방식이다. 제품 또는 서비스를 제공받고, 상위노출이 되었을 때 추가적인 커미션, 원고료를 주는 형태이다. 이것을 좋아하는 이유는 필자에게 외적 동기를 부여하기 때문이다. 단순하게 복사해 붙여넣는 업무가 아닌, 로직과 상대 블로거를 분석해서 더 높은 랭킹으로 올라가고자 하는 필자의 경쟁심리를 자극한다. 누군가는 상위노출이 어렵다고 피할 때도 있지만 필자는 상위노출이 되었을 때의 기쁨과 부수입 때문에 기쁨이 두 배다.

❸ 직접 제안 형태

이것은 필자도 가끔 받아본 제안이다. 신생 업체 또는 새로 서비스를 런칭

한 업체에서 블로거에게 직접적으로 제안을 한다. 블로그 링크를 통해서 업체로의 신규 가입이 발생했을 때 직접 회사 대표가 커미션을 주는 형태이다.

어떻게 보면 1번과 비슷한 경우인데, 1번 유형은 제휴 마케팅 플랫폼이 존재할 정도로 큰 규모의 비즈니스 형태이고 3번 유형의 경우에는 블로거가 직접 타깃을 찾아와야만 성사된다는 점에서 조금은 다르다.

참고로, 필자의 블로그를 살펴보면 위와 같은 형태의 모든 포스팅에는 하단에 공정위 문구가 적혀 있다. "해당 포스팅은 업체로부터 상품·서비스, 원고료 등을 지원받아 작성한 콘텐츠입니다."라는 식으로 말이다.

이번에 DIA+ 로직이 도입되면서 이런 블로그 알바를 색출하기 위한 움직임이 한층 강화되었다. 네이버 공식블로그에 2020년 10월 올라온 내용 일부를 캡처했다.

[대가성 표기 시 주의사항]

- 대가성 표기를 본문 배경색이나 희미한 색 표기로 속이지 않습니다.
일부의 경우, 다른 사람들이 쉽게 발견할 수 없도록 눈에 띄지 않는 방식으로 표기하는 경우가 있는데요, 좀 더 명확하게 표기를 부탁드립니다.
예시. 이 글은 업체로 부터 물품을 제공 받았습니다. ← 명확하게 인지할 수 있도록 표기가 필요합니다.

- 일부 문서에만 국한하지 않고, 대가를 받은 전체 문서에 일괄 표기를 추가해야 합니다.
많은 경우, 대가성이 명확한 일부 문서에만 표기를 하고 대가의 종류가 다른 경우에는 표기를 생략하고 있는데요, 모든 문서에 표기를 부탁드립니다.
예시. 원고료를 받은 경우 : '표기함 O' 그러나, 식당쿠폰을 제공받은 경우 : '표기안함 X' ← 이경우에도 표기가 필요합니다.

- 업체가 전달한 원고를 올리지 않습니다.
본인의 경험은 전혀 들어가지 않고 단순히 업체에서 일괄 전달한 원고와 이미지를 그대로 올리는 경우가 있는데요, 이런 활동은 지양 부탁드립니다.
예시. 특정 업체의 경우, 모두 유사한 이미지와 품평이 올라옴

위 행위들이 포함된 문서나 출처는 신고/모니터링/알고리즘 등에 의해 통검에서 미노출 될 수 있으며, 본인이 직접 체험한 다른 진성 글 조차 오해를 받을 수 있어 주의를 당부드립니다.
홍보성 문서도 금전 등의 대가성 여부를 표시하는 등 보다 명확하게 작성한다면, 인터넷 환경과 마케팅 시장을 더 발전시킬 수 있을 것으로 기대합니다.

네이버에서도 양질의 정보성 포스팅과 퀄리티 높은 콘텐츠를 유지하기 위해 필터링을 한층 강화했다고 생각하면 편할 듯하다.

이번 주제에서 중요한 것을 알려주자면, 블로거 스스로 정보를 판단하는 눈을 길러야 한다. 공짜 점심은 없다. 월 천만 원을 손쉽게 벌거나 보장하는 방법 따위는 없다. 전부 다 마케팅을 위한 문구일 뿐, 월 천만 원을 벌기 위해선 그만큼의 노력이 있어야 한다. 그러니 편하게, 쉽게 돈을 번다고 유혹하는 말에 넘어가지 말았으면 좋겠다. 호의로 얻어먹을 수 있는 것은 돼지고기까지이다.

04 .... 블로거들의 공포…, 저품질이란?

블로그 하는 사람들이 100명이 있다면 그중 98명이 필자에게 물어보는 질문이 있다. 이젠 귀에 딱지가 앉을 정도라서, 이번 글로 종결을 짓고 가야겠다는 생각이 든다. 나중에 저품질 블로그에 관해 질문하는 사람들이 있다면 이하 내용을 참고하기를 바란다.

바로, **블로그 저품질 확인**에 대한 것이다. 사실 저품질 블로그에 대해서는 의견이 분분하다. 왜냐하면, 네이버의 공식 입장과 블로그 유저의 입장이 첨예하게 대립하고 있기 때문이다. 먼저, 잘 모르는 사람들을 위해서 네이버에서 내놓은 저품질 블로그에 대한 입장[7]을 살펴볼까 한다.

블로그 검색 '저품질 블로그' 관련 잘못된 소문 Top | 2016. 7. 12
https://blog.naver.com/naver_search/220760111725

'최적화 블로그'와 '저품질 블로그'? | 2016. 7. 19
https://blog.naver.com/naver_search/220766056734

주제별 출처의 신뢰도와 인기도를 반영하는 C-Rank 알고리즘 | 2016. 7. 29
https://blog.naver.com/naver_search/220774795442

---

7) 네이버 공식 블로그 ➡ 운영정책

이 3개의 글이 대표적으로 네이버에서 '저품질 블로그란 없다'라고 주장하는 공식적인 답변들이다. 일단 우리가 저품질에 대해 잘못 알고 있는 가장 큰 오해를 한 가지만 짚고 넘어가자면, 저품질 블로그는 존재하지 않는다. 네이버 블로그에서 입장 표명한 바는 사실이다. 다만, **진화를 거듭하는 스팸 필터만 존재**할 뿐이다.

저품질 블로그가 말이 안 되는 이유.

사실, 농작물이나 과일들은 흠집이 생기면 불량품이 될 수 있다. 노지 귤이나 못난이 감자·고구마와 같이 상품성이 떨어지는 저품질의 제품을 떨이나 패키지로 묶어서 파는 경우를 우리는 흔히 보지만, 블로그가 저품질이 되었다?

생각해 보면, 네이버 블로그는 누구에게나 공평하게 주어진다. 공장 생산 제품, 아니, 아예 클론처럼 콘텐츠를 복사해서 붙여넣는 블로그라고 하더라도 저품질이라는 것이 올 수 있나? 똑같은 블로그인데? 그렇기에 필자는 '저품질' 블로그란 없다는 네이버 입장에 한 손을 들어주고 싶다.

이런 경우는 있다. 본인이 열심히 작업한 포스팅이 어느 순간, 검색해도 노출되지 않고 사람들도 방문하지 않을 때다. 이런 경우 '자기 블로그에 저품질이 온 것 같다'라며, 발을 동동 구르는 수강생과 블로거님들을 자주 접했다. 여기서 이분들이 실수한 것은 단 하나다. **스팸 필터에 걸릴 만한 행동**을 했기에, 검색적인 측면에서 페널티를 받은 것이다.

저품질 착각을 만드는 3가지 스팸 필터

필자의 직업 특성상 정말 많은 분이 저품질을 호소한다. 이 덕분에 쌓인 데이터를 바탕으로 이야기하자면, 네이버에서 작동하는 스팸 필터는 총 3가지 단계가 있다. 이 개념은 네이버에서 공표한 개념이 아닌, 필자의 데이터를 바탕으로 추출한 가상의 이론이다. 그러므로 이것이 정답이라고 생각하지 말고, 상황에 따라 다를 수 있으니 필자의 말만 맹신하는 일은 없기를 바란다.

이 개념을 잘 알고 간다면 앞으로는 블로그 저품질 확인에 시간을 쓰지 않고, 어떻게 더 좋은 콘텐츠를 만들 수 있는지에 대해서 고민할 것으로 생각한다.

❶ 1차 스팸 필터링 | 주제

이 필터링이라는 개념은 C-Rank 도입에서 시작한다. C-Rank는 네이버에서 만들고, 2016년에 도입한 검색 로직 중 하나다. 간략하게 설명하면, 각 주제에 대한 우수한 블로거들을 우대해주려는 정책이니 당연히 주제별로 필터링하리라는 것이 필자의 의견이다.

주제 설정

주제를 선택하면 내블로그와 블로그 홈에서 주제별로 글을 볼 수 있습니다.
주제를 선택하지 않아도 블로그 홈 > 주제별 글보기 > 전체에서 볼 수 있습니다.

엔터테인먼트·예술	생활·노하우·쇼핑	취미·여가·여행	지식·동향
문학·책	일상·생각	게임	IT·컴퓨터
영화	육아·결혼	스포츠	사회·정치
미술·디자인	애완·반려동물	사진	건강·의학
공연·전시	좋은글·이미지	자동차	비즈니스·경제
음악	패션·미용	취미	어학·외국어
드라마	인테리어·DIY	국내여행	교육·학문
스타·연예인	요리·레시피	세계여행	
만화·애니	상품리뷰	맛집	
방송	원예·재배		

주제 선택 안 함   이 카테고리의 글은 항상 이 주제로 분류

취소   확인

해당 사진은 네이버 기준으로 분류한 C-Rank 분류법이다. 4가지 대분류(엔터테인먼트·예술, 생활·노하우·쇼핑, 취미·여가·여행, 지식·동향)아래에 세부 카테고리가 있다. 이 주제들 중의 하나를 파고들면, 일단 주제 필터링에서는 벗어날 수 있다. 중요한 것은 최근에 도입된 네이버 인플루언서 시스템

도 해당 분류 방식을 유사하게 차용하고 있다는 사실이다. (동일한 분야의 다른 주제로 글을 꾸준히 발행하다 보면, 방문자 규모와 관계없이 통과하는 것으로 알고 있다.)

더더욱 중요한 것은, 해당 데이터를 네이버에서 따로 통계적으로 관리하고 있다는 사실이다. 아래 자료는 네이버 블로그 ➜ 통계 ➜ 블로그 평균 데이터 ➜ 조회 수에서 볼 수 있는 네이버 주제별 조회 수다. 네이버는 Big Data 개념으로 주제별 글을 분류해두고 있고, 특정한 조건을 통해서 필터링한다. (물론 다시 말하지만, 이건 필자의 주장일 뿐 네이버의 공식 입장은 아니다.)

❷ 2차 스팸 필터링 | Score(점수)

위 이론의 신빙성을 더해주는 자료이다. 참고로 이것은 네이버 공식 블로그에 공개된 정보이다. 제목, 본문, 이미지, 링크의 기본 정보로 문서의 품질을 계산하고, DB를 활용해 인기도, 신뢰도를 계산한다는 것이 과거의 C-Rank 기준이다.

지금은 기준이 더더욱 강화되었고, 그 강화된 내용을 모두 다 알려주기엔 개발지식을 어느 정도 가지고 있는 이들이 아니라면 이해하기조차 어려운 수준으로 올라갔다.

항목	설명
BLOG Collection	블로그 문서의 제목 및 본문, 이미지, 링크 등 문서를 구성하는 기본 정보를 참고해 문서의 기본 품질을 계산
네이버 DB	인물, 영화 정보 등 네이버에서 보유한 콘텐츠 DB를 연동해 출처 및 문서의 신뢰도를 계산
Search LOG	네이버 검색 이용자의 검색 로그 데이터를 이용해 문서 및 문서 출처의 인기도를 계산
Chain Score	웹문서, 사이트, 뉴스 등 다른 출처에서의 관심 정도를 이용해 신뢰도와 인기도를 계산
BLOG Activity	블로그 서비스에서의 활동 지표를 참고해 얼마나 활발한 활동이 있는 블로그인지를 계산
BLOG Editor 주제 점수	딥러닝 기술을 이용해 문서의 주제를 분류하고, 그 주제에 얼마나 집중하고 있는지 계산

* C-Rank에서 참고하는 항목들은 알고리즘 개선을 위해 계속 변경 적용됩니다.

C-Rank 알고리즘에서 참고하는 데이터[8]

네이버에서는 이런 수치화된 데이터를 활용해서 블로그를 컨트롤하고 있다. 그리고 일부 개발자들과 마케터들은 그 기준을 알기 위해서, 네이버는 그들이 그 기준을 추측하기 어렵게 하려고 정말 많은 노력을 기울이고 있다.

네이버의 로직을 간파하여 콘텐츠를 독점·수익화하려는 기업들과 그들의 침략으로부터 블로그 시장을 지키려는 네이버가 창과 방패를 들고 싸우고 있고, 그 전쟁은 현재 진행 중이다.

---

8) 네이버 공식블로그 Search & Tech

블로그 전문점수 체크 프로그램 | **비공개 프로그램**

이름을 공개할 수는 없지만, 실제로 위와 같이 저품질 블로그 확인 요소를
점수화해서 체크해 주는 프로그램도 존재한다.

상기 사진은 필자의 예시이다. 블로그 상태는 일반·준최적화·최적화로 나뉘는데, 필자는 그중에서 가장 높은 점수를 갖고 있다. 특히 콘텐츠 점수 99.9점은 현존하는 어떤 블로그 강사님들의 점수와 비교하더라도 꿀리지 않을 자신 있는 점수이다. (필자는 블로그로 교육을 하기 위해서 정말 오랜 시간을 공부했다.)

❸ 3차 스팸 필터링 : 콘텐츠

이제 마지막으로 네이버의 공식 입장을 한번 살펴보자. 이 역시 C-Rank 라는 오래된 기준을 바탕으로 했지만, 아래의 내용은 블로그를 하는 모든 이들에게 뿌리가 되는 개념이니 반드시 알아두면 좋다.

특히 블로그 전체에서 생산된 문서의 주제 분포로 특정 주제에 대한 집중도가 어느 정도 되는지를 계산하기 때문에, C-Rank의 반영 비중이 높아질수록 다양한 일상 주제에 대한 포스트보다는 특정 주제에 대한 자신만의 포스트가 늘어날수록 검색 결과에서는 더 잘 노출될 수 있습니다.[9]

위 내용이 바로 우리가 참고해야 하는 블로그 저품질 확인 기준이다. 블로그 저품질 확인하는 데 시간을 쓰지 말아야 하는 이유이기도 하다. 필자의 2가지 사례를 보여주도록 하겠다.

다음 자료는 필자가 한동안 운동에 빠졌을 때, 네이버에 작성한 운동일기이다. (몇몇 포스팅은 업체명이 공개되어 있어서 비공개 처리했다) 총 30개가 넘는 포스트가 있고, 그중 몇몇 자료들은 조회 수 5,000회를 넘겼다. (보통 조회 수 1,000회를 넘기기 위해서는 1회 이상의 상위 노출은 필수이다.)

심지어는 조회 수가 16,000회를 넘긴 게시물도 있다. 이 포스팅은 꽤 오랜 기간 운동 관련 키워드로 상위 노출이 되었던 케이스이다.

---

9) 네이버 공식블로그의 입장

청담 헬스장 100일 다이어트 결과. (7)	666	2020. 8. 1.
바디프로필 스튜디오 찾을 때가 왔습니다. (체지방률 16% 까지) (13)	2,825	2020. 7. 14.
남자 PT - 바디프로필 도전 (체지방률 공개) (2)	2,519	2020. 6. 29.
▓▓▓-지 가서 운동하는 이유 (남자 체지방률 10% 감소, 3개월) (6)	5,079	2020. 6. 11.
▓▓ 운동 동기부여) (12)	801	2020. 5. 26.
▓▓ ▓▓개인/그룹 레슨 (1)	857	2020. 5. 21.
▓▓ 스장 (남자 전신 무분할운동 루틴) (9)	d,6?3	2020. 5. 12.
▓▓ 남자 바디프로필 준비 (청담 헬스) (11)	3,408	2020. 4. 28.
남자 필라테스 ▓▓▓▓▓▓ (소그룹, 개인 전용) (14)	16,133	2020. 4. 17.
남자 다이어트 식단 1개월 만에 체지방 '만' 4kg 감량, With 홍쌤라이프 (8)	3,914	2020. 4. 10.
▓▓에서 치팅데이!! 오늘은 에라 모르겠다 먹고죽자데이. (10)	262	2020. 3. 7.
서브웨이 샌드위치 말고 샐러드도 있나요? (바디프로필은 어렵네요..) (8)	752	2020. 3. 5.
다이어트 식단, 일단 쉬운 것부터. (6)	555	2020. 3. 4.
남자체지방을 실화? 인바디 보고, 바로 식단조절 시작. (목표는 바디프로필!) (11)	3,361	2020. 3. 3.
남자 필라테스 큰근 힘드네 .. (스프링보드 이용) (4)	3,738	2020. 2. 1.
▓▓ .. (스프링보드? 신기한 것을 다 해보네요.) (13)	1,592	2020. 1. 17.
▓▓ 믹스홀딕 가넷 (with 발목 다쳐도 가능한 하체운동 3가지) (18)	3,234	2019. 12. 20.
이것은 PT인가, 물리치료인가 (라운드숄더 교정치료 운동 루틴) (18)	378	2019. 9. 19.
운동일기 거북목과 라운드숄더 교정. (15)	1,110	2019. 9. 7.

또 다른 케이스는 바로, 지금 작성하고 있는 블로그 마케팅 칼럼이다. 아쉽게도 '블로그' 자체는 사람들이 자주 검색하는 키워드가 아니라서 조회수가 많지 않지만, 블로그 마케팅 관련 키워드로 검색했을 때 나타나는 다른 결과를 보여주겠다.

퍼스널 브랜딩의 허와실 〈15〉 (15)	495	2021. 1. 21.
파레토의법칙 VS 롱테일법칙 어떤 것을 선택할까? 〈14〉 (18)	2,324	2021. 1. 17.
블로그 링크, 걸어도 되는것과 안되는 것 〈13〉 (40)	1,712	2021. 1. 15.
블로그 저품질 확인, 무엇이 문제인가? 〈12〉 (30)	852	2021. 1. 12.
블로그 알바의 실체, 제대로 알면 괜찮은가? 〈11〉 (34)	674	2021. 1. 11.
네이버 애드포스트 조건과 수익 늘리는 법은? 〈10〉 (57)	7,087	2021. 1. 10.
네이버 블로그 마켓 1월 정식 오픈이 의미하는 변화의 흐름 〈09〉 (28)	2,490	2021. 1. 9.
네이버 데이터랩, 블로그 마케팅의 시작점. 〈08〉 (16)	637	2021. 1. 8.
블로그 상위노출? 제목이 전부다. 〈07〉 (29)	2,772	2021. 1. 7.
블로그 이웃 늘리기, 언제 해야 좋을까? 〈06〉 (17)	1,914	2021. 1. 6.
블로그 주제 어떻게 정해야 하는가? 〈05〉 (17)	1,801	2021. 1. 5.
돈 버는 법 · 판매 전략 〈04〉 (9)	605	2021. 1. 4.
유튜버 신사임당 어떻게 100만이 되었을까? (관심) 〈03〉 (19)	793	2021. 1. 3.
블로그 조회수가 중요한가? (인지단계) 〈02〉 (34)	1,912	2021. 1. 2.
마케팅 전략이란? 〈01〉 (23)	2,940	2021. 1. 1.

블로그 마케팅 관련 키워드 상위 노출 사례

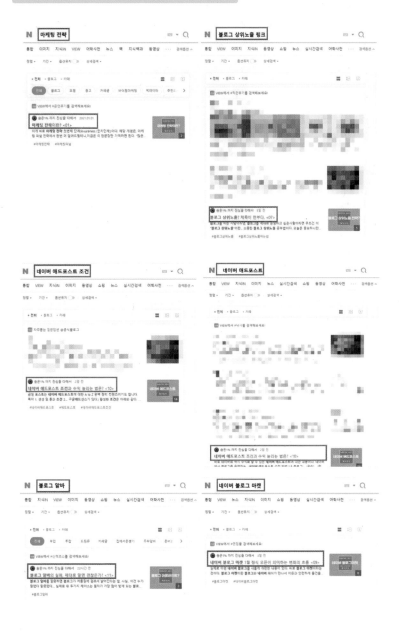

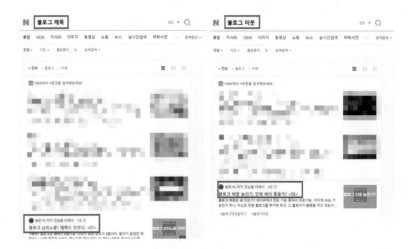

지금 쓰고 있는 대부분의 칼럼이 검색 결과에서 상위에 노출되어 있다. 결국 위 두 가지 사례에서 이야기하고자 하는 바는 네이버의 입장과 동일하다. 바로, 특정 주제에 대한 자신만의 포스트가 늘어날수록 검색 결과에 더 잘 노출된다는 것이다. 현재 네이버 상위노출 로직은 2020년 11월 적용한 DIA+ 로직이다.

위 사례는 필자가 2021년 1월 1일부터 총 2주일간 실험해본 결과이고, 총 15개 칼럼 중 블로그와 관련된 내용만 상위노출 된 결과를 보여주는 것이다. 이것은 필자의 경험에서 우러나온 결과이기에, 분명 다른 케이스도 있다고 생각한다.

마지막으로 한마디 더 보탠다. 저품질 블로그는 없다. 저품질 콘텐츠만 있을 뿐이다. 이상한 카더라 통신들에 휘둘리지 말고, 그 시간에 내 포스팅, 내 글을 어떻게 하면 더 나답게 잘 쓸 수 있는지 한 번이라도 더 연구해 보기를 바란다.

책을 마무리하며

지금까지 이 책을 통해 마케팅에 대한 기본 개념과 그것을 블로그에 녹이는 방법, 글을 쓰는 법, 상품을 선택하는 법 등을 설명하였다. 아마 전문가가 본다면 이 책은 부족한 내용이 많을 것이다. 허나, 이 책을 쓴 이유는 앞서 이야기했지만, 이런 기초적인 지식과 온라인 마케팅, 온라인 세일즈에 대해서 아예 모르는 대표님과 1인 사장님들을 위해서다.

소중한 사장님들의 사업을 지키기는 방법은 간단하다. 단순한 방법이지만, 꾸준히 하는 것이 정답일 때가 대부분이다. 블로그도 마찬가지라고 생각한다. 그렇기 때문에 크게 성공한 마케팅 사례, 정서에 맞지 않는 해외 사례는 모두 제외하고, 필자의 사례를 바탕으로 최대한 작성했다.

물론 사장님의 사례와는 맞지 않을 수 있다. 업종이 다를 수도 있고, 고객층이 다를 수도 있다. 그래도 최대한 많은 업종의 대표님들에게 도움을 드리기 위해 몇 가지는 정말 작은 성공사례임에도, 몇 가지는 소재가 중복되어도 그냥 썼다. 이 책을 읽는 대표님들이 어떤 분야의 업무를 하는지 모르기에 많은 소재, 여러 방향에서 보는 시각을 책으로 표현하기 위해 정말 많은 시간을 들였다. 결국 이 책에서 중요하다고 말하고 싶은 것은 딱 하나이다.

여러분들의 상품을 이야기화하는 능력, 즉 스토리텔링 능력이다.

상품은 똑같다. 상품만으로 차별화하고, 경쟁력을 만드는 것은 대기업들에도 어려운 부분이다. 결국 다들 새로운 스토리를 써 내려가며, 고객들의 마음을 잡고, 신뢰를 얻기 위해 움직인다. 그렇기에 여러분들이 지금 하고 있는 블로그를 다시 한번 살펴보고, 리셋을 해야 한다.

똑같은 고객들만 보면서 팔려고 하고 있지는 않은지, 현재 고객들이 가장 최고의 고객인지, 다시 한번 살펴보기를 바란다. 마인드부터 세일즈 방법까지 내일 똑같이 가게 문을 열기 전에 한 번쯤은 다시 생각하기를 바란다. 지금 고객이 내 유일한 고객이 맞는지. 요즘 사람들은 상품이 아니라 여러분들의 이야기를 본다.

여러분들이 만들 수 있는 목소리에 집중하고 스토리가 기존의 제품들과 다른 차이가 있는 것을 살짝만 보여주는 것, 그 두 가지 능력은 글쓰기만으로도 충분히 만들어낼 수 있다. 불필요한 내용은 제외하고, 고객에게 보여줘야 하는 내용으로만 콘텐츠를 제작하고, 그 과정에서 본인만의 캐릭터와 메시지를 명확하게 전달해야 한다.

이 책을 통해서 배운 것을 실천하고, 서툴더라도 글을 한번 써보며 사람들에게 반응을 얻어내 보자. 한 사람이라도 들어오고, 한 명이라도 반응을 해준다면 그것에 감사한 마음을 가지고 점차 발전해 나가면 된다. 명심해라, 이 책과 함께라면 당신은 될 운명이다. 당신이 리셋 해야 하는 것을 하나씩 실천한다면 말이다.

혼자서 매장에 남아 묵묵히, 모든 것을 감내하느라 고생하는 사장님들에게 이 책이 여러분들의 옆을 든든히 지켜주는 친구가 되어 주면서, 앞으로의 사업을 대박 나도록 도와주는 부적이 되길 바란다.

돈 버는 세팅 리셋 블로그

초판 발행	2021년 10월 25일
지은이	혜자포터
펴낸이	정민제
교 정	문동진
디자인	김가을
펴낸곳	선비북스
주 소	서울시 마포구 양화로 133 서교타워 1112호
전 화	0507-1322-8598
이메일	sunbeebooks@naver.com
홈페이지	blog.naver.com/sunbeebooks

ⓒ혜자포터, 2021
ISBN   979-11-91534-25-2